国家基本职业培训包（指南包 课程包）

汽车维修工

（试行）

人力资源和社会保障部职业能力建设司编制

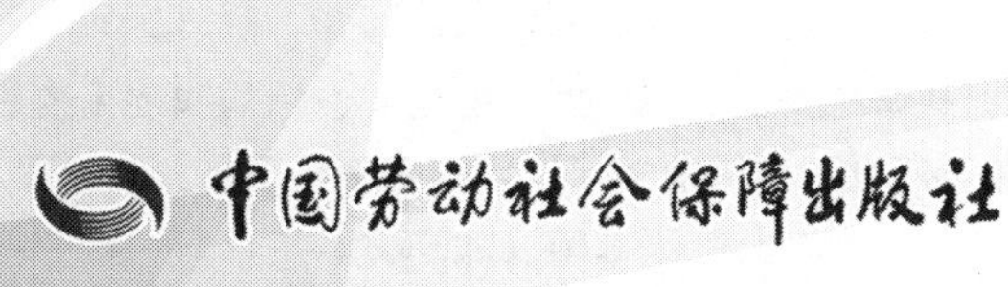

图书在版编目（CIP）数据

汽车维修工：试行/人力资源和社会保障部职业能力建设司编制. --北京：中国劳动社会保障出版社，2017

（国家基本职业培训包：指南包　课程包）

ISBN 978－7－5167－3311－0

Ⅰ.①汽…　Ⅱ.①人…　Ⅲ.①汽车-车辆修理-职业培训-教学参考资料　Ⅳ.①U472.4

中国版本图书馆 CIP 数据核字（2017）第 286993 号

中国劳动社会保障出版社出版发行

（北京市惠新东街 1 号　邮政编码：100029）

*

北京谊兴印刷有限公司印刷装订　　新华书店经销

880 毫米 ×1230 毫米　16 开本　11 印张　210 千字

2017 年 11 月第 1 版　　2020 年 7 月第 2 次印刷

定价：35.00 元

读者服务部电话：（010）64929211/84209101/64921644

营销中心电话：（010）64962347

出版社网址：http://www.class.com.cn

编 制 说 明

为贯彻落实《中华人民共和国国民经济和社会发展第十三个五年规划纲要》提出的“实行国家基本职业培训包制度”的要求，按照《人力资源和社会保障部办公厅关于推进职业培训包工作的通知》（人社厅发〔2016〕162号）的部署安排，“十三五”期间，组织开发培训需求量大的100个左右国家基本职业培训包，指导开发100个左右地方（行业）特色职业培训包。到“十三五”末，力争全面建立国家基本职业培训包制度，普遍应用职业培训包开展各类职业培训。在征求各地培训需求的基础上，经调研论证，人力资源和社会保障部组织有关行业专家编制了首批中式烹调师等10个职业的国家基本职业培训包。

国家基本职业培训包是集培养目标、培训要求、培训内容、课程规范、考核大纲、教学资源等为一体的职业培训资源总合，是职业培训机构对劳动者开展政府补贴职业培训服务的工作规范和指南，对于加强职业培训规范化、科学化管理，促进职业培训与就业需求有效衔接，推行终身职业培训制度具有积极作用。

此次编制的中式烹调师等10个职业的国家基本职业培训包遵循《职业培训包开发技术规程（试行）》的要求，依据国家职业技能标准或企业岗位技术规范，结合新经济、新产业、新职业发展编制，力求客观反映现阶段本职业（工种）的技术水平、对从业人员的要求和职业培训教学规律。

《国家基本职业培训包（指南包　课程包）——汽车维修工（试行）》是在

各有关专家的共同努力下完成的。参加编写的主要人员有沐俊杰、卫云贵、李军、王庆坚、籍银香、王殿虎、何明，参加审定的主要人员有朱军、王征、邵伟军、潘承炜，在编制过程中得到了杭州技师学院、山西交通技师学院、广东交通职业技术学院等有关单位的大力支持，在此一并致谢。

国家基本职业培训包编审委员会

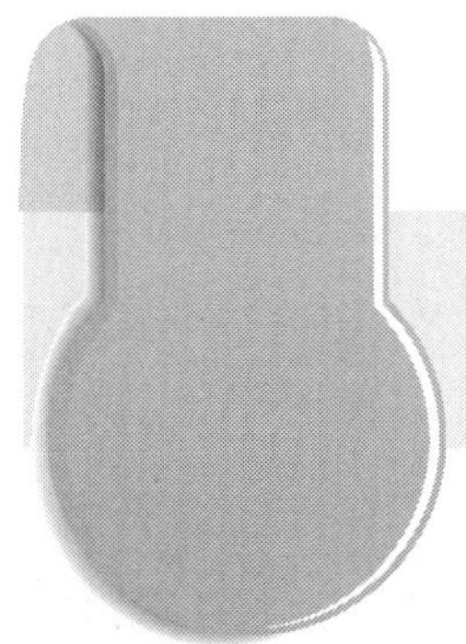

目 录

1 指 南 包

2 课 程 包

1

指南包

1.1　职业培训包使用指南

1.1.1　职业培训包结构与内容

汽车维修工职业培训包由指南包、课程包、资源包三个子包构成，结构如图 1 所示。

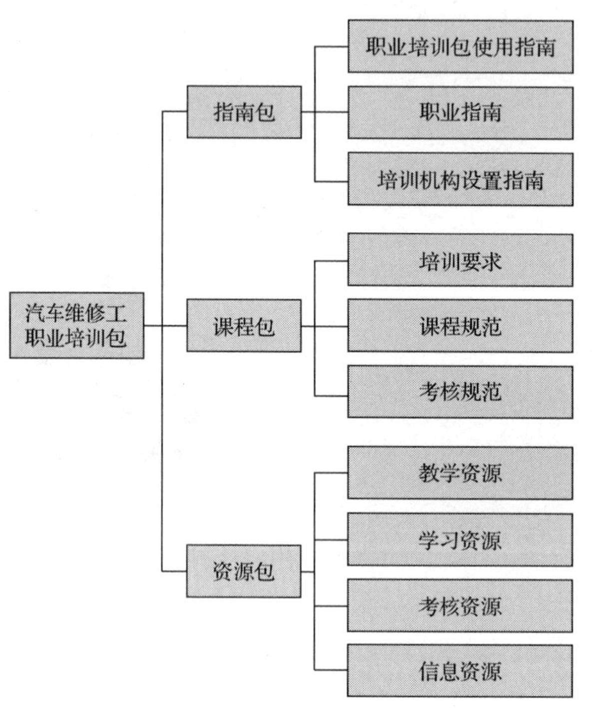

图 1　职业培训包结构图

指南包是指导培训机构、培训教师与学员开展职业培训的服务性内容总合，包括职业培训包使用指南、职业指南和培训机构设置指南。职业培训包使用指南是培训教师与学员了解职业培训包内容、选择培训课程、使用培训资源的说明性文本；职业指南是对职业信息的概述；培训机构设置指南是对培训机构开展职业培训提出的具体要求。

课程包是培训机构与教师实施职业培训、培训学员接受职业培训必须遵守的规范总合，包括培训要求、课程规范、考核规范。培训要求是参照国家职业技能标准、结合职业岗位工作实际需求制定的职业培训规范；课程规范是依据培训要求、结合职业培训教学规律，对课程设置、课堂学时、课程内容与培训方法等所做的统一规定；考核规范是针对课程规范中所规定的课程内容开发的，能够科学评价培训学员过程性学习效果与终结性培训成果的规则，是客观衡量培训学员职业基本素质与职业技能水平的标准，也是实施职业培训过程性与终结性考核的依据。

资源包是依据课程包要求，基于培训学员特征，遵循职业培训教学规律，应用先进职业培训课程理念，开发的多媒介、多形式的职业培训与考核资源总合，包括教学资源、学习资源、考核资源和信息资源。教学资源是为培训教师组织实施职业培训教学活动提供的相关资源；学习资源是为培训学员学习职业培训课程提供的相关资源；考核资源是为培训机构和教师实施职业培训考核提供的相关资源；信息资源是为培训教师和学员拓展视野提供的体现科技进步、职业发展的相关动态资源。

1.1.2 培训课程体系介绍

汽车维修工职业培训课程体系依据职业技能等级分为职业基本素质培训课程、初级职业技能培训课程、中级职业技能培训课程、高级职业技能培训课程、技师职业技能培训课程和高级技师职业技能培训课程，每一类课程包含模块、课程和学习单元三个层级。汽车维修工职业培训课程体系均源自本职业培训包课程包中的课程规范，以学习单元为基础，形成职业层次清晰、内容丰富的“培训课程超市”。

汽车维修工职业培训课程学时分配一览表

职业技能等级	课堂学时		其他学时	培训总学时
	职业基本素质培训课程	职业技能培训课程		
初级	70	170	260	500
中级	40	330	30	400
高级	20	330	50	400
技师	10	150	40	200
高级技师	0	90	30	120

注：课堂学时是指培训机构开展的理论课程教学及实操课程教学的建议最低学时数。除课堂学时外，培训总学时还应包括岗位实习、现场观摩、自学自练等其他学时。

（1）职业基本素质培训课程

模块	课程	学习单元	课堂学时
1. 职业认知与职业道德	1–1 职业认知	（1）职业认知	1
	1–2 职业道德基本知识	（1）道德与职业道德	2
	1–3 职业守则	（1）汽车维修工职业守则	1
2. 基础知识	2–1 钳工基础知识	（1）钳工基础知识	30
	2–2 汽车常用材料	（1）汽车常用材料	4

续表

模块	课程	学习单元	课堂学时
2．基础知识	2–3　电工与电子基础知识	（1）电工与电子基础知识	12
	2–4　液压传动	（1）液压传动基础知识	2
	2–5　汽车维修设备、工具和仪器	（1）汽车维修设备、工具和仪器	2
	2–6　汽车构造	（1）汽车构造	10
	2–7　安全生产与环境保护知识	（1）安全生产与环境保护知识	2
	2–8　质量管理知识	（1）质量管理知识	2
3．法律法规	3–1 相关法律、法规知识	（1）相关法律、法规知识	2
课堂学时合计			70

注：本表所列为初级职业基本素质培训课程，其他等级职业基本素质培训课程按“汽车维修工职业培训课程学时分配一览表”中相应的课堂学时要求进行必要的调整。

（2）初级职业技能培训课程

模块	课程	学习单元	课堂学时
1．汽车维护	1–1　发动机维护	（1）发动机总体认知	2
		（2）发动机一级维护作业内容	2
		（3）清洁、更换空气滤清器	2
		（4）更换机油及机油滤清器	6
		（5）清理发动机水箱表面污物	2
	1–2　底盘维护	（1）底盘总体认知	2
		（2）底盘一级维护作业内容	2
		（3）检查与紧固底盘螺栓、螺母	2
		（4）检查车轮外观损伤、轮胎花纹深度和轮胎气压	2
		（5）加注润滑油、润滑脂	2
		（6）检查制动、转向、传动等系统的油位和油品	4
	1–3　电器维护	（1）检查灯光、仪表、信号系统功能	4
		（2）检查喇叭、刮水器、中控门锁、电动后视镜、电动座椅等辅助电器系统功能	4

续表

模块	课程	学习单元	课堂学时
1．汽车维护	1–3　电器维护	（3）检查空调系统功能	4
		（4）检查蓄电池极桩连接及清洁情况	2
	1–4　电动汽车维护	（1）执行电动汽车的高压安全防护措施	24
		（2）执行电动汽车的日常维护	12
2．检修发动机	2–1　拆装发动机附件	（1）拆装发电机总成	2
		（2）拆装起动机总成	2
		（3）拆装液压转向助力泵总成	2
	2–2　拆装发动机总成	（1）拆装附件驱动皮带	6
		（2）拆装气门室盖和油底壳	6
		（3）拆装润滑系统、冷却系统外部部件	6
3．检修底盘	3–1　拆装行驶系统	（1）轮胎换位	4
		（2）更换减震器总成	6
	3–2　拆装转向系统	（1）更换转向拉杆与球头	4
		（2）更换平衡杆	4
	3–3　拆装制动系统	（1）更换盘式制动器	6
		（2）更换鼓式制动器	6
		（3）更换驻车制动装置	6
		（4）更换制动轮缸	6
4．检修汽车电器	4–1　拆装蓄电池、照明、信号、仪表系统	（1）更换蓄电池	4
		（2）更换灯泡	6
		（3）更换熔丝	2
	4–2　拆装其他辅助电器系统	（1）更换刮水臂、刮水片	2
		（2）调整喷水位置	2
		（3）更换喇叭	4
	4–3　拆装空调系统	（1）清洁冷凝器	2
		（2）更换空调滤清器	4
课堂学时合计			170

（3）中级职业技能培训课程

模块	课程	学习单元	课堂学时
1．汽车维护	1–1　发动机维护	（1）发动机二级维护作业内容	2
		（2）检测气缸压力	2
		（3）更换燃油滤清器	2
		（4）检查进、排气系统	2
		（5）检查冷却系统	2
		（6）检查、调整及更换发动机传动皮带	2
		（7）检查、更换发动机正时皮带或正时链条	4
	1–2　底盘维护	（1）底盘二级维护作业内容	2
		（2）检查、调整离合器踏板自由行程	4
		（3）检查万向节、传动轴工作情况	4
		（4）检查与调整转向拉杆及球头	4
		（5）检查悬架弹簧、减振器性能	4
		（6）检查、调整轮毂轴承间隙	4
		（7）检查、调整制动器和更换制动片	6
2．检修发动机	2–1　诊断参数检测	（1）检测进气歧管真空度	2
		（2）检测汽油机燃油压力	2
		（3）检测汽车尾气排放	4
		（4）使用汽车故障电脑诊断仪	4
	2–2　检修曲柄连杆机构	（1）拆检气缸体及气缸	4
		（2）拆检活塞、活塞环及活塞销	4
		（3）拆检连杆及轴承	4
		（4）拆检飞轮、曲轴及轴承	4
	2–3　检修配气机构	（1）拆检凸轮轴	4
		（2）拆检气门组件	4
		（3）拆检气缸盖	4

续表

模块	课程	学习单元	课堂学时
2．检修发动机	2–4　检修燃油、电控系统	（1）检测燃油供给系统	4
		（2）检测各传感器性能	12
		（3）检测各执行器性能	8
		（4）检测点火系统电路	4
	2–5　检修润滑和冷却系统	（1）检测机油压力	2
		（2）检查水泵密封性	2
		（3）检测节温器工作状况	2
		（4）检测冷却风扇、温控开关工作情况	2
	2–6　检修进、排气系统	（1）拆检废气涡轮增压器	4
		（2）检测进气系统密封性	2
		（3）检测排气系统的排气阻力	2
3．检修底盘	3–1　检修传动系统	（1）更换离合器总成	4
		（2）更换手动变速器总成	6
		（3）更换万向传动装置总成	2
		（4）更换主减速器及差速器总成	6
		（5）更换自动变速器油和滤芯	4
	3–2　检修行驶系统	（1）更换轮毂轴承	4
		（2）四轮定位检查	6
		（3）车轮动平衡检查	4
		（4）更换轮胎	4
	3–3　检修转向系统	（1）更换转向器总成	6
		（2）更换转向传动机构	4
	3–4　检修制动系统	（1）更换制动主缸或制动控制阀	6
		（2）更换制动助力器总成	8
		（3）检修制动器总成	4
		（4）检修驻车制动装置	4

续表

模块	课程	学习单元	课堂学时
4．检修汽车电器	4-1　检修蓄电池	（1）检查蓄电池	2
		（2）蓄电池充电	2
	4-2　检修起动机	（1）检查判断起动机性能	2
		（2）检修起动机总成	4
		（3）检修起动机系统线路	2
	4-3　检修充电系统	（1）检查判断发电机性能	2
		（2）检修发电机总成	4
		（3）检修充电系统线路	2
	4-4　检修照明、信号及仪表系统	（1）检修照明系统线路及元件	6
		（2）检修信号系统线路及元件	6
		（3）检修仪表系统线路	4
	4-5　检修辅助电器系统	（1）更换车窗电机及开关	6
		（2）更换门锁电机及开关	6
		（3）更换电动后视镜及开关	6
		（4）更换雨刷电机及开关	6
		（5）更换音响娱乐系统	8
		（6）更换座椅电机及开关	8
	4-6　检修空调制冷系统	（1）更换空调压缩机电磁离合器	8
		（2）检修空调制冷循环系统	8
		（3）更换制冷系统各组件	8
	4-7　拆装空调取暖和通风系统	（1）更换热水阀	2
		（2）更换鼓风机和通风装置	4
5．电动汽车检修	5-1　电动汽车维护	（1）进行电动汽车定期维护	12
	5-2　检修动力电池总成	（1）检查与更换动力电池箱	4
	5-3　检修高压附件	（1）检查与更换高压附件	8
课堂学时合计			330

（4）高级职业技能培训课程

<table>
<tr><th>模块</th><th>课程</th><th>学习单元</th><th>课堂学时</th></tr>
<tr><td rowspan="15">1．检修发动机</td><td rowspan="2">1-1　发动机大修</td><td>（1）进行发动机总成大修</td><td>18</td></tr>
<tr><td>（2）进行发动机竣工检验</td><td>4</td></tr>
<tr><td rowspan="3">1-2　诊断排除发动机异响故障</td><td>（1）诊断排除气门脚、挺柱异响</td><td>4</td></tr>
<tr><td>（2）诊断排除连杆轴承、曲轴轴承异响</td><td>4</td></tr>
<tr><td>（3）诊断排除活塞敲缸、活塞销敲击异响</td><td>4</td></tr>
<tr><td rowspan="5">1-3　诊断排除发动机控制系统故障</td><td>（1）诊断排除燃油压力不足故障</td><td>6</td></tr>
<tr><td>（2）诊断排除发动机怠速不稳故障</td><td>4</td></tr>
<tr><td>（3）诊断排除发动机加速不良故障</td><td>4</td></tr>
<tr><td>（4）诊断排除发动机易熄火故障</td><td>4</td></tr>
<tr><td>（5）诊断排除发动机起动困难故障</td><td>6</td></tr>
<tr><td rowspan="3">1-4　诊断排除进、排气系统故障</td><td>（1）诊断排除进气系统故障</td><td>4</td></tr>
<tr><td>（2）诊断排除发动机增压系统故障</td><td>4</td></tr>
<tr><td>（3）使用尾气分析仪、烟度计诊断故障</td><td>4</td></tr>
<tr><td rowspan="2">1-5　诊断排除润滑和冷却系统故障</td><td>（1）诊断排除润滑系统故障</td><td>4</td></tr>
<tr><td>（2）诊断排除冷却系统故障</td><td>4</td></tr>
<tr><td rowspan="5">2．检修底盘</td><td rowspan="5">2-1　检修底盘总成</td><td>（1）检修离合器总成</td><td>4</td></tr>
<tr><td>（2）检修手动变速器总成</td><td>6</td></tr>
<tr><td>（3）检修万向传动装置</td><td>4</td></tr>
<tr><td>（4）检修主减速器和差速器总成</td><td>6</td></tr>
<tr><td>（5）检修转向器总成</td><td>8</td></tr>
</table>

续表

模块	课程	学习单元	课堂学时
2．检修底盘	2-2　诊断排除传动系统故障	（1）诊断排除离合器故障	4
		（2）诊断排除手动变速器故障	6
		（3）检查自动变速器性能	8
		（4）诊断排除万向传动装置故障	6
		（5）诊断排除驱动桥故障	8
	2-3　诊断排除行驶系统故障	（1）诊断排除行驶异响故障	4
		（2）诊断排除行驶跑偏故障	4
		（3）诊断排除悬架故障	8
	2-4　诊断排除转向系统故障	（1）诊断排除机械转向系统故障	6
		（2）诊断排除液压助力转向系统故障	6
		（3）诊断排除电动助力转向系统故障	6
	2-5　诊断排除制动系统故障	（1）诊断排除制动跑偏故障	4
		（2）诊断排除常规制动系统故障	8
		（3）诊断排除制动防抱死系统故障	8
3．检修汽车电器	3-1　诊断排除电源及起动系统故障	（1）检修发电机故障	4
		（2）诊断排除电源系统故障	6
		（3）检修起动机故障	6
		（4）诊断排除起动系统故障	6
	3-2　诊断排除照明、信号及仪表故障	（1）诊断排除照明系统电路故障	6
		（2）诊断排除信号系统电路故障	4
		（3）诊断排除仪表系统电路故障	4

续表

模块	课程	学习单元	课堂学时
3．检修汽车电器	3-3　诊断排除辅助电器系统故障	（1）诊断排除音响娱乐系统常见故障	6
		（2）诊断排除电动座椅系统故障	6
		（3）诊断排除巡航系统故障	6
		（4）诊断排除电动后视镜系统故障	4
		（5）诊断排除中控门锁系统故障	6
		（6）诊断排除雨刷系统故障	6
		（7）诊断排除电动车窗系统故障	6
		（8）诊断排除防盗系统故障	8
		（9）诊断排除安全气囊系统故障	8
	3-4　诊断排除空调系统故障	（1）诊断排除空调制冷循环系统故障	8
		（2）诊断排除手动空调系统电路故障	10
		（3）诊断排除自动空调系统电路故障	10
		（4）诊断排除空调取暖和通风系统故障	6
	3-5　检修电动汽车高压系统故障	（1）诊断高压绝缘阻抗故障	12
课堂学时合计			330

（5）技师职业技能培训课程

模块	课程	学习单元	课堂学时
1．汽车综合故障诊断	1-1　发动机综合故障诊断	（1）发动机燃料消耗过高综合故障分析、诊断与排除	6
		（2）车载诊断系统故障分析、诊断与排除	4
		（3）发动机功率不足故障分析、诊断与排除	6

续表

模块	课程	学习单元	课堂学时
1．汽车综合故障诊断	1–2　底盘综合故障诊断	（1）自动变速器综合故障分析、诊断与排除	6
		（2）传动和行驶系统综合故障分析、诊断与排除	6
		（3）转向和制动系统综合故障分析、诊断与排除	6
	1–3　电气系统综合故障诊断	（1）音响娱乐和车载影像系统综合故障分析、诊断与排除	6
		（2）空调系统综合故障诊断与排除	6
		（3）车载网络控制系统综合故障诊断与排除	6
		（4）车辆电源管理系统综合故障诊断与排除	6
	1–4　电动汽车故障诊断	（1）车载充电系统无法充电故障诊断	6
		（2）空调加热系统无暖风故障诊断	6
2．汽车大修竣工检验	2–1　路试检验	（1）发动机动力性能的路试	4
		（2）发动机经济性能的路试	4
		（3）车辆转向性能的路试	4
		（4）车辆制动性能的路试	4
		（5）车辆滑行性能的路试	4
	2–2　台架检验	（1）发动机综合性能检测	4
		（2）发动机无负荷功率检测	4
		（3）车辆喇叭声级和车辆噪声检测	4
		（4）车辆前照灯性能检测	4
		（5）车辆制动性能检测	4
		（6）车辆排放性能检测	4
3．技术管理与指导培训	3–1　技术管理	（1）汽车维修方案的制定及实施	6
		（2）汽车故障分析报告和技术论文的撰写	6

续表

模块	课程	学习单元	课堂学时
3．技术管理与指导培训	3–1　技术管理	（3）车辆维修质量的技术评定	6
		（4）汽车新技术、新工艺、新设备、新材料等相关知识的培训	6
	3–2　指导培训	（1）低级别人员维修作业的技术辅导	6
		（2）技术人员技能培训	6
课堂学时合计			150

（6）高级技师职业技能培训课程

模块	课程	学习单元	课堂学时
1．汽车复合故障诊断	1–1　发动机机电复合故障诊断	（1）诊断分析发动机机电复合故障	20
		（2）编制发动机机电复合故障诊断流程和维修工艺并组织实施	4
	1–2　底盘机电复合故障诊断	（1）诊断分析底盘机电复合故障	16
		（2）编制底盘机电复合故障诊断流程和维修工艺并组织实施	4
	1–3　汽车电气复合故障诊断	（1）电气系统复合故障的诊断与排除	20
		（2）编制车身电气复合故障诊断流程和维修工艺并组织实施	4
	1–4　电动汽车驱动系统急加速动力中断故障诊断	（1）诊断驱动系统急加速动力中断故障	12
2．技术管理与革新	2–1　技术管理	（1）制定企业内部汽车维修质量管理标准、考核标准并组织实施	2
	2–2　技术革新	（1）推广汽车维修新技术、新材料、新工艺，通过试验改进维修作业流程	2
		（2）技术革新、技术改造，并编写工艺规程	2
3．技术指导与培训	3–1　技术指导	（1）指导技师排除偶发、疑难故障	2
	3–2　系统培训	（1）制订系统培训计划，细分课程并组织实施	2
课堂学时合计			90

1.1.3 培训课程选择指导

职业基本素质培训课程为必修课程，相当于本职业的入门课程。各级别职业技能培训课程由培训机构教师根据培训学员实际情况，遵循高级别涵盖低级别的原则进行选择。

原则上，初入职的培训学员应学习职业基本素质培训课程和初级职业技能培训课程的全部内容，有职业技能等级提升需求的培训学员，可按照国家职业技能标准的“鉴定要求”，对照自身需求选择更高等级的培训课程。

具有一定从业经验、无职业技能等级晋升要求的培训学员，可根据自身实际情况自主选择本职业培训课程。其具体方法为：（1）选择课程模块；（2）在模块中筛选课程；（3）在课程中筛选学习单元；（4）组合成本次培训的整个课程。

培训教师可以根据以上方法对培训学员进行单独指导。对于订单培训，培训教师可以按照如上方法，对照订单要求进行培训课程的选择。

1.1.4 各类资源使用说明

（待各类资源开发完成后补充。）

1.2 职业指南

1.2.1 职业描述

汽车维修工是使用工具、夹具、量具、仪器仪表及诊断检测设备进行汽车维护和修理的人员。

1.2.2 职业培训对象

参加汽车维修工职业培训的对象主要包括：城乡未继续升学的应届初高中毕业生、农村转移就业劳动者、城镇登记失业人员、转岗转业人员、退役军人、企业在职职工和高校毕业生等各类有培训需求的人员。

1.2.3 就业前景

汽车维修工的工作岗位有：维修中工、维修组长等，还可以视情况晋升为车间主任、技术总监、服务经理等。

1.3 培训机构设置指南

1.3.1 师资配备要求

（1）培训教师任职基本条件

1）培训初级、中级、高级汽车维修工的教师应具备本职业技师及以上职业资格证书或相关专业中级及以上专业技术职务任职资格。

2）培训汽车维修技师的教师应具有本职业高级技师职业资格证书或相关专业高级专业技术职务任职资格。

3）培训汽车维修高级技师的教师应具有本职业高级技师职业资格证书 2 年以上或相关专业高级专业技术职务任职资格。

（2）培训教师数量要求（以 20 人培训班为基准）

1）理论课教师：1 人以上；培训规模超过 20 人的，按教师与学员之比不低于 1∶20 配备教师。

2）实习指导教师：1 人以上；培训规模超过 20 人的，按教师与学员之比不低于 1∶20 配备教师。

1.3.2 培训场所设备配置要求

培训场所设备配置要求如下（以 20 人培训班为基准）：

（1）理论知识培训场所设备配置要求：70 ~ 80 平方米标准教室，多媒体教学设备（计算机、投影仪、幕布或显示屏、网络接入设备、音响设备）、黑板、20 套以上桌椅，符合照明、通风、安全等相关规定。

（2）操作技能培训场所设备配置要求：实训工位充足，设备设施配套齐全，符合环保、劳保、安全、卫生、消防、通风和照明等相关规定及安全规程。汽车维修工初级技能、中级技能实训场所的实训设备数量和工具配置须同时满足 40 名学员进行实训教学，每个工位实训学员不超过 5 人；汽车维修工高级技能、技师和高级技师实训场所的实训设备数量和工具配置须同时满足 20 名学员进行实训教学。

操作技能培训场所设备配置应符合汽车维修专业主要实训教室工位数及主要设备配置要求对照表所列要求（按标准培训班 20 人配备）。

汽车维修专业主要实训教室工位数及主要设备配置要求对照表

等级	教室名称	工位数量	主要设备、工具及材料配置	备注
初级	钳工实训室	20	钳工工作台、台虎钳、常用锉、锯等常用钳工工具套组 20 套	1 人 / 工位
	电工电子实训室	4 ~ 6	电工实训台、电工工具套组、常用电路板、锡焊设备、低压输出电源、半导体元件、汽车用电子元件等各 4 ~ 6 套	3 ~ 5 人 / 工位
	整车维护实训室	4 ~ 6	市场主流轿车、常用汽车维护工具车、零件车、常用工量具、汽车维修电工工具、机油回收设备和常用免拆洗维护设备等各 4 ~ 6 套	3 ~ 5 人 / 工位
	电动汽车高压安全实训室	4 ~ 6	市场主流电动轿车或高压安全教学台架、常用汽车维护工具车、零件车、常用电工工具、高压防护设备、汽车维修电工工具等各 4 ~ 6 套	3 ~ 5 人 / 工位
中级	汽车电器实训室	4 ~ 6	市场主流轿车（全部自动挡）、常用汽车维护工具车、零件车、常用工量具、汽车维修电工工具、汽车空调冷媒加注设备、起动机总成、发电机总成等各 4 ~ 6 套	3 ~ 5 人 / 工位
	发动机检查与维护实训室	4 ~ 6	附件完整的发动机总成（含翻转架）、工作台、常用工量具、拆装工具、基本检查专用工具各 4 ~ 6 套	3 ~ 5 人 / 工位
	汽车底盘实训室	4 ~ 6	市场主流轿车（全部手动挡）离合器总成、手动变速器总成、转向、悬架和制动系统台架、工作台、常用工量具、拆装工具、基本检查工具、四轮定位仪等专用工具各 4 ~ 6 套	3 ~ 5 人 / 工位
	电动汽车维护实训室	4 ~ 6	市场主流电动轿车、常用汽车维护工具车、零件车、常用电工工具、高压防护设备、汽车维修电工工具箱等各 4 ~ 6 套	3 ~ 5 人 / 工位；在车辆和设备满足的情况下场地可以同高压安全实训室共用

续表

等级	教室名称	工位数量	主要设备、工具及材料配置	备注
高级	汽车发动机总成大修实训室	4 ～ 6	市场主流轿车、常用汽车维修工具车、零件车、各类油压、气压检测设备、汽车故障诊断仪、示波器、尾气分析仪等常用诊断设备各 4 ～ 6 套	3 ～ 5 人 / 工位；在车辆和场地满足功能的情况下可以同汽车电气系统诊断实训室共用
	汽车底盘总成大修实训室	4 ～ 6	市场主流轿车（全部自动挡）、自动变速器总成、常用汽车维修工具车、零件车、常用工量具、汽车维修电工工具、汽车故障诊断仪各 4 ～ 6 套	3 ～ 5 人 / 工位
	汽车电气系统诊断实训室	4 ～ 6	市场主流轿车（全部自动挡）、常用汽车维修工具车、零件车、常用工量具、汽车维修电工工具、汽车故障诊断仪各 4 ～ 6 套	3 ～ 5 人 / 工位
	新能源汽车系统故障诊断实训室	4 ～ 6	纯电动汽车 4 辆，配充电桩及专用检测诊断仪各 1 套，电动汽车高压安全防护设备 4 ～ 6 套	3 ～ 5 人 / 工位；在车辆、设备满足的情况下场地可以同电动汽车维护实训室共用
技师	汽车综合故障诊断实训室 / 汽车综合性能检测实训室	1	典型轿车 4 ～ 6 辆、车轮定位仪、灯光检测仪、底盘测功机、制动性能检测仪、声级计、尾气和排放检测、发动机综合分析仪等汽车整车性能检测设备 1 套	每项功能至少 1 套设备；车辆可以同其他实训室共用
	新能源汽车系统故障诊断实训室	4 ～ 6	纯电动汽车 4 ～ 6 辆，配充电桩及专用检测诊断仪各 1 套，电动汽车高压安全防护设备 4 ～ 6 套	3 ～ 5 人 / 工位；在车辆、设备满足的情况下场地可以同电动汽车维护实训室共用
高级技师	汽车机电复合故障分析诊断实训室	1	典型轿车 1 ～ 2 辆（具有缸内直喷、自动挡、具有动力舒适和信息娱乐 CAN 系统），四轮定位仪、发动机综合分析仪、各类检测诊断和测量设备	所有设备至少 1 套；可以同其他实训室共用
	新能源汽车系统综合故障诊断实训室	1	纯电动汽车 1 辆，配充电桩及专用检测诊断仪各 1 套，电动汽车高压安全防护设备 4 ～ 6 套	所有设备至少 1 套

1.3.3 教学资料配备要求

（1）培训规范：《汽车维修工国家职业技能标准》《汽车维修工职业基本素质培训要求》《汽车维修工职业技能培训要求》《汽车维修工职业基本素质培训课程规范》《汽车维修工职业技能培训课程规范》《汽车维修工职业基本素质培训考核规范》《汽车维修工职业技能培训理论知识考核规范》《汽车维修工职业技能培训操作技能考核规范》。

（2）教学资源：教材教辅、网络资源等内容必须符合“（1）培训规范”。

1.3.4 管理人员配备要求

（1）专职校长：1 人，应具有大专及以上文化程度、中级及以上专业技术职务任职资格，从事职业技术教育及教学管理 5 年以上，熟悉职业培训的有关法律法规。

（2）教学管理人员：1 人以上，专职不少于 1 人；应具有大专及以上文化程度、中级及以上专业技术职务任职资格，从事职业技术教育及教学管理 5 年以上，具有丰富的教学管理经验。

（3）办公室人员：1 人以上，应具有大专及以上文化程度。

（4）财务管理人员：2 人，应具有大专及以上文化程度。

1.3.5 管理制度要求

应建立健全完备的管理制度，包括办学章程与发展规划、教学管理、教师管理、学员管理、财务管理、设备管理等制度。

2

课程包

2.1 培训要求

2.1.1 职业基本素质培训要求

职业基本素质模块	培训内容	培训细目
1．职业认知与职业道德	1-1 职业认知	（1）汽车维修业简介 （2）汽车维修工的工作内容
	1-2 职业道德基本知识	（1）职业道德修养 （2）汽车维修服务人员职业道德规范
	1-3 职业守则	（1）汽车维修工职业守则
2．基础知识	2-1 钳工基础知识	（1）钳工常用工具、量具等的使用方法 （2）钳工操作基础知识
	2-2 汽车常用材料	（1）汽车常用材料
	2-3 电工与电子基础知识	（1）电工与电子基础知识
	2-4 液压传动	（1）液压传动基础知识 （2）液压传动在汽车上的应用
	2-5 汽车维修设备、工具和仪器	（1）汽车维修设备、工具和仪器
	2-6 汽车构造	（1）汽车构造
	2-7 安全生产与环境保护知识	（1）安全生产 （2）环境保护知识
	2-8 质量管理知识	（1）质量管理的概念 （2）质量管理的基本方法
3．法律法规	3-1 相关法律、法规知识	（1）相关法律知识 （2）相关法规知识

2.1.2 初级职业技能培训要求

职业功能模块	培训内容	技能目标	培训细目
1．汽车维护	1-1 发动机维护	1-1-1 能清洁空气滤清器	（1）清洁、更换空气滤清器
		1-1-2 能更换机油及机油滤清器	（1）更换机油及机油滤清器

续表

职业功能模块	培训内容	技能目标	培训细目
1．汽车维护	1-1　发动机维护	1-1-3　能检查发动机机油泄漏	（1）检查发动机机油泄漏
		1-1-4　能检查调整发动机机油液位	（1）检查调整发动机机油液位
		1-1-5　能清理发动机水箱表面污物	（1）清理发动机水箱表面污物 （2）检查发动机水箱泄漏
	1-2　底盘维护	1-2-1　能检查与紧固底盘螺栓、螺母	（1）检查底盘螺栓、螺母 （2）紧固底盘螺栓、螺母
		1-2-2　能检查车轮外观损伤、轮胎花纹深度和轮胎气压	（1）检查车轮外观损伤、轮胎花纹深度 （2）检查并补充轮胎气压
		1-2-3　能加注润滑油、润滑脂	（1）底盘油脂泄漏检查 （2）加注润滑油 （3）加注润滑脂
		1-2-4　能检查制动、转向、传动等系统的油位和油品	（1）检查制动、转向、传动等系统的油位 （2）检查制动、转向、传动等系统的油品
	1-3　电器维护	1-3-1　能检查灯光、仪表、信号系统功能	（1）检查灯光、仪表、信号系统功能 （2）更换灯泡
		1-3-2　能检查喇叭、刮水器、中控门锁、电动后视镜、电动座椅等辅助电器系统功能	（1）检查喇叭、刮水器、中控门锁、电动后视镜、电动座椅等辅助电器系统功能
		1-3-3　能检查空调系统功能	（1）检查空调系统功能
		1-3-4　能检查蓄电池极桩连接及清洁情况	（1）检查蓄电池极桩连接情况 （2）清洁蓄电池极桩 （3）规范充电 （4）正确更换蓄电池
	1-4　电动汽车维护	1-4-1　能执行电动汽车的高压安全防护措施	（1）安全防护设备的检查与选用 （2）正确断开高压电 （3）电动汽车高压安全检查

续表

职业功能模块	培训内容	技能目标	培训细目
1. 汽车维护	1–4 电动汽车维护	1–4–2 能执行电动汽车的日常维护	(1) 电动汽车充放电及常用电器设备功能检查 (2) 电动汽车日常检查与维护
2. 检修发动机	2–1 拆装发动机附件	2–1–1 能拆装发电机总成	(1) 拆卸发电机总成 (2) 安装发电机总成
		2–1–2 能拆装起动机总成	(1) 拆卸起动机总成 (2) 安装起动机总成
		2–1–3 能拆装液压转向助力泵总成	(1) 拆卸液压转向助力泵总成 (2) 安装液压转向助力泵总成
	2–2 拆装发动机总成	2–2–1 能拆装附件驱动皮带	(1) 拆卸附件驱动皮带 (2) 安装附件驱动皮带
		2–2–2 能拆装气门室盖和油底壳	(1) 拆卸气门室盖和油底壳 (2) 安装气门室盖和油底壳
		2–2–3 能拆装润滑系统、冷却系统外部部件	(1) 拆卸润滑系统、冷却系统外部部件 (2) 安装润滑系统、冷却系统外部部件
3. 检修底盘	3–1 拆装行驶系统	3–1–1 能进行轮胎换位	(1) 拆卸车轮 (2) 轮胎换位安装
		3–1–2 能更换减振器总成	(1) 拆卸减震器总成 (2) 安装减震器总成
	3–2 拆装转向系统	3–2–1 能拆装转向拉杆与球头	(1) 拆卸转向拉杆与球头 (2) 安装转向拉杆与球头
		3–2–2 能拆装平衡杆	(1) 拆卸平衡杆 (2) 安装平衡杆
	3–3 拆装制动系统	3–3–1 能拆装盘式制动器	(1) 拆卸盘式制动器 (2) 安装盘式制动器
		3–3–2 能拆装鼓式制动器	(1) 拆卸鼓式制动器 (2) 安装鼓式制动器
		3–3–3 能拆装驻车制动装置	(1) 拆卸驻车制动装置 (2) 安装驻车制动装置
		3–3–4 能更换制动轮缸	(1) 拆卸制动轮缸 (2) 安装制动轮缸
4. 检修汽车电器	4–1 拆装蓄电池、照明、信号、仪表系统	4–1–1 能拆装蓄电池	(1) 拆卸蓄电池 (2) 安装蓄电池

续表

职业功能模块	培训内容	技能目标	培训细目
4．检修汽车电器	4-1 拆装蓄电池、照明、信号、仪表系统	4-1-2 能拆装、更换灯泡	（1）拆卸灯泡 （2）安装灯泡
		4-1-3 能拆装、更换熔丝	（1）拆卸熔丝 （2）安装熔丝
	4-2 拆装其他辅助电器系统	4-2-1 能拆装刮水臂、刮水片，调整喷水位置	（1）拆装刮水臂 （2）拆装刮水片 （3）调整喷水位置
		4-2-2 能拆装喇叭	（1）拆卸喇叭 （2）安装喇叭
	4-3 拆装空调系统	4-3-1 能清洁冷凝器	（1）清洁冷凝器
		4-3-2 能更换空调滤清器	（1）拆卸空调滤清器 （2）安装空调滤清器

2.1.3 中级职业技能培训要求

职业功能模块	培训内容	技能目标	培训细目
1．汽车维护	1-1 发动机维护	1-1-1 能检测气缸压力	（1）检测气缸压力
		1-1-2 能更换燃油滤清器	（1）拆卸燃油滤清器 （2）安装燃油滤清器
		1-1-3 能检查进、排气系统	（1）检查进气系统 （2）检查排气系统
		1-1-4 能检查冷却系统	（1）检查冷却系统密封性 （2）检查冷却液冰点
		1-1-5 能检查、调整及更换发动机传动皮带	（1）检查、调整及更换发动机传动皮带
		1-1-6 能更换发动机正时皮带或正时链条	（1）检查及更换发动机正时皮带或正时链条
	1-2 底盘维护	1-2-1 能检查、调整离合器踏板自由行程	（1）检查离合器踏板自由行程 （2）调整离合器踏板自由行程
		1-2-2 能检查万向节、传动轴工作情况	（1）检查万向节工作情况 （2）检查传动轴工作情况

续表

职业功能模块	培训内容	技能目标	培训细目
1．汽车维护	1-2　底盘维护	1-2-3　能检查、调整转向拉杆及球头	（1）检查转向拉杆及球头 （2）调整转向杆
		1-2-4　能检查悬架弹簧、减振器性能	（1）检查悬架弹簧性能 （2）检查减振器性能
		1-2-5　能检查、调整轮毂轴承间隙	（1）检查轮毂轴承间隙 （2）调整轮毂轴承间隙
		1-2-6　能检查、调整制动器和更换制动片	（1）检查与调整制动器 （2）更换制动片
2．检修发动机	2-1　诊断参数检测	2-1-1　能检测进气歧管真空度	（1）检测进气歧管真空度
		2-1-2　能检测汽油机燃油压力	（1）检测汽油机燃油压力
		2-1-3　能检测汽车尾气排放	（1）检测汽车尾气排放
		2-1-4　能使用汽车故障电脑诊断仪	（1）使用汽车故障电脑诊断仪
	2-2　检修曲柄连杆机构	2-2-1　能拆装、检查气缸体及气缸	（1）拆卸气缸体及气缸 （2）气缸体及气缸的清洁与检查 （3）气缸体及气缸的安装与调整
		2-2-2　能拆装、检查活塞、活塞环及活塞销	（1）拆卸活塞、活塞环及活塞销 （2）活塞、活塞环及活塞销的清洁与检查 （3）活塞、活塞环及活塞销的安装与调整
		2-2-3　能拆装、检查连杆及轴承	（1）拆卸连杆及轴承 （2）连杆及轴承的清洁与检查 （3）连杆及轴承的安装与调整
		2-2-4　能拆装、检查飞轮、曲轴及轴承	（1）拆卸飞轮、曲轴及轴承 （2）飞轮、曲轴及轴承的清洁与检查 （3）飞轮、曲轴及轴承的安装与调整
	2-3　检修配气机构	2-3-1　能拆装、检查凸轮轴	（1）拆卸凸轮轴 （2）凸轮轴的清洁与检查 （3）凸轮轴的安装与调整

续表

职业功能模块	培训内容	技能目标	培训细目
2．检修发动机	2-3　检修配气机构	2-3-2　能拆装、检查气门组件	（1）拆卸气门组件 （2）气门组件的清洁与检查 （3）气门组件的安装与调整
		2-3-3　能拆装、检查气缸盖	（1）拆卸气缸盖 （2）气缸盖的清洁与检查 （3）气缸盖的安装与调整
	2-4　检修燃油、电控系统	2-4-1　能检测燃油供给系统	（1）拆卸燃油供给系统 （2）燃油供给系统的清洁与检查 （3）燃油供给系统的安装与调整
		2-4-2　能检测各传感器性能	（1）拆卸各传感器 （2）各传感器的清洁与检查 （3）各传感器的安装与调整
		2-4-3　能检测各执行器性能	（1）拆卸各执行器 （2）各执行器的清洁与检查 （3）各执行器的安装与调整
		2-4-4　能检测点火系统电路	（1）识读点火系统电路 （2）检测点火系统电路
	2-5　检修润滑和冷却系统	2-5-1　能检测机油压力及调节阀工作情况	（1）检测机油压力 （2）检测机油压力调节阀工作情况
		2-5-2　能检查水泵密封性	（1）检查水泵密封性
		2-5-3　能检测节温器工作情况	（1）检测节温器的工作情况
		2-5-4　能检测冷却风扇、温控开关工作情况	（1）检测冷却风扇、温控开关
	2-6　检修进、排气系统	2-6-1　能拆装废气涡轮增压器	（1）拆卸废气涡轮增压器 （2）废气涡轮增压器的安装与调整
		2-6-2　能检查废气涡轮增压器工作性能	（1）检查废气涡轮增压器工作性能
		2-6-3　能检测进气系统密封性	（1）检测进气系统密封性
		2-6-4　能检测排气阻力	（1）检测排气系统的排气阻力

续表

职业功能模块	培训内容	技能目标	培训细目
3．检修底盘	3-1　检修传动系统	3-1-1　能拆装离合器总成	（1）拆卸离合器总成 （2）安装离合器总成
		3-1-2　能拆装手动变速器总成	（1）拆卸手动变速器总成 （2）安装手动变速器总成
		3-1-3　能拆装万向传动装置	（1）拆卸万向传动装置总成 （2）安装万向传动装置总成
		3-1-4　能拆装主减速器及差速器总成	（1）拆卸主减速器及差速器总成 （2）安装主减速器及差速器总成
		3-1-5　能更换自动变速器油、滤芯	（1）更换自动变速器油 （2）更换自动变速器滤芯
	3-2　检修行驶系统	3-2-1　能更换轮毂轴承	（1）轮毂轴承的拆卸 （2）轮毂轴承的装配与调整
		3-2-2　能进行车轮定位	（1）四轮定位仪的使用 （2）汽车四轮定位检查
		3-2-3　能进行车轮动平衡检查	（1）车轮动平衡仪的使用 （2）车轮动平衡的检查
		3-2-4　能更换轮胎	（1）用拆胎机拆装轮胎
	3-3　检修转向系统	3-3-1　能更换转向器总成	（1）转向器总成的拆卸 （2）转向器总成的安装与检查
		3-3-2　能更换转向传动机构	（1）转向传动机构的拆卸 （2）转向传动机构的安装与检查
	3-4　检修制动系统	3-4-1　能更换制动主缸或制动控制阀	（1）制动主缸或制动控制阀的拆卸 （2）制动主缸或制动控制阀的安装与检查
		3-4-2　能更换制动助力器总成	（1）拆卸制动助力器总成 （2）安装制动助力器总成
		3-4-3　能检修制动器总成	（1）盘（鼓）式制动器的拆卸 （2）盘（鼓）式制动器的清洗与检查 （3）盘（鼓）式制动器的安装与调整
		3-4-4　能检修驻车制动装置总成	（1）驻车制动装置的拆卸 （2）驻车制动装置的清洗与检查 （3）驻车制动装置的安装与调整

续表

职业功能模块	培训内容	技能目标	培训细目
4．检修汽车电器	4-1　检修蓄电池	4-1-1　能就车判断蓄电池性能	（1）检查蓄电池电解液液面高度 （2）检查蓄电池放电程度
		4-1-2　能对蓄电池进行充电	（1）蓄电池充电
	4-2　检修起动机	4-2-1　能就车判断起动机性能	（1）检查判断起动机性能
		4-2-2　能检修起动机总成	（1）拆卸起动机总成 （2）检修起动机部件 （3）安装起动机总成
		4-2-3　能检修起动机系统线路	（1）识读起动机系统电路 （2）检修起动机系统线路
	4-3　检修充电系统	4-3-1　能就车判断发电机性能	（1）检查判断发电机性能
		4-3-2　能检修发电机总成	（1）拆卸发电机总成 （2）检修发电机部件 （3）安装发电机总成
		4-3-3　能检修充电系统线路	（1）识读充电系统电路 （2）检修充电系统线路
	4-4　检修照明、信号及仪表系统	4-4-1　能检修照明线路及元件	（1）识读照明系统电路 （2）检修照明系统线路 （3）更换照明系统线路中的各元件
		4-4-2　能检修信号系统线路及元件	（1）识读信号系统电路 （2）检修信号系统线路 （3）更换信号线路中的各元件
		4-4-3　能检修仪表线路	（1）识读仪表系统电路 （2）检修仪表系统线路 （3）更换仪表线路中的各元件
	4-5　检修辅助电器系统	4-5-1　能检查、更换电动车窗电机	（1）更换电动车窗电机 （2）更换车窗开关
		4-5-2　能检查、更换门锁电机及开关	（1）更换门锁电机 （2）更换门锁开关
		4-5-3　能检查、更换电动后视镜及开关	（1）更换电动后视镜 （2）更换电动后视镜开关
		4-5-4　能检查、更换雨刷电机及开关	（1）更换雨刷电机 （2）更换雨刷开关

续表

职业功能模块	培训内容	技能目标	培训细目
4．检修汽车电器	4-5　检修辅助电器系统	4-5-5　能检查、更换音响娱乐系统	（1）更换音响娱乐系统主机 （2）更换音响喇叭
		4-5-6　能检查、更换电动座椅电机及控制开关	（1）更换电动座椅电机 （2）更换电动座椅开关
	4-6　检修空调制冷系统	4-6-1　能检查空调压缩机电磁离合器	（1）拆卸空调压缩机电磁离合器 （2）安装空调压缩机电磁离合器
		4-6-2　能检查空调制冷循环系统性能	（1）检查空调制冷循环系统有无泄漏 （2）检查空调制冷循环系统压力 （3）加注空调制冷剂
		4-6-3　能检查、更换制冷系统各组件（膨胀阀、冷凝器、储液干燥过滤器）	（1）检查制冷系统各组件 （2）更换制冷系统各组件
	4-7　拆装空调取暖和通风系统	4-7-1　能拆装热水阀	（1）拆卸热水阀 （2）安装热水阀
		4-7-2　能拆装鼓风机和通风装置	（1）拆装鼓风机 （2）拆装通风装置
5．电动汽车检修	5-1　电动汽车维护	5-1-1　能进行电动汽车定期维护	（1）进行电动汽车一级维护作业 （2）进行电动汽车二级维护作业
	5-2　检修动力电池总成	5-2-1　能进行动力电池箱的外观检查	（1）检查动力电池箱的外观
		5-2-2　能拆装动力电池箱	（1）拆卸动力电池箱 （2）安装动力电池箱
	5-3　检修高压附件	5-3-1　能进行高压附件的检查与更换	（1）更换车载充电机 （2）更换 DC/DC 转换器 （3）更换高压控制盒 （4）更换高压线束 （5）更换外部高压熔丝

2.1.4 高级职业技能培训要求

职业功能模块	培训内容	技能目标	培训细目
1．检修发动机	1-1 发动机大修	1-1-1 能进行发动机总成大修	（1）发动机总成的吊装与分解 （2）发动机总成各部件的清洁与检查 （3）发动机总成的组装与调整
		1-1-2 能进行发动机竣工检验	（1）发动机竣工检验
	1-2 诊断排除发动机异响故障	1-2-1 能诊断排除气门脚、挺柱异响	（1）确认气门脚、挺柱异响的故障现象 （2）分析气门脚、挺柱异响的故障原因 （3）诊断排除气门脚、挺柱异响故障
		1-2-2 能诊断排除连杆轴承、曲轴轴承异响	（1）连杆轴承、曲轴轴承异响故障现象 （2）分析连杆轴承、曲轴轴承异响的故障原因 （3）诊断排除连杆轴承、曲轴轴承异响故障
		1-2-3 能诊断排除活塞敲缸、活塞销异响	（1）确认活塞敲缸、活塞销异响故障现象 （2）分析活塞敲缸、活塞销异响的故障原因 （3）诊断排除活塞敲缸、活塞销异响故障
	1-3 诊断排除发动机控制系统故障	1-3-1 能诊断排除燃油压力不足故障	（1）确认燃油压力不足故障现象 （2）分析燃油压力不足的故障原因 （3）诊断排除燃油压力不足故障
		1-3-2 能诊断排除发动机怠速不稳故障	（1）确认发动机怠速不稳故障现象 （2）分析发动机怠速不稳的故障原因 （3）诊断排除发动机怠速不稳故障

续表

职业功能模块	培训内容	技能目标	培训细目
1. 检修发动机	1-3 诊断排除发动机控制系统故障	1-3-3 能诊断排除发动机加速不良故障	(1) 确认发动机加速不良故障现象 (2) 分析发动机加速不良的故障原因 (3) 诊断排除发动机加速不良故障
		1-3-4 能诊断排除发动机易熄火故障	(1) 确认发动机易熄火故障现象 (2) 分析发动机易熄火的故障原因 (3) 诊断排除发动机易熄火故障
		1-3-5 能诊断排除发动机起动困难故障	(1) 确认发动机起动困难故障现象 (2) 分析发动机起动困难的故障原因 (3) 诊断排除发动机起动困难故障
	1-4 诊断排除进、排气系统故障	1-4-1 能诊断进气系统故障	(1) 确认进气系统故障现象 (2) 分析进气系统故障的原因 (3) 诊断排除进气系统故障
		1-4-2 能使用尾气分析仪或烟度计诊断故障	(1) 确认排气系统故障现象 (2) 分析排气系统故障的原因 (3) 使用尾气分析仪或烟度计诊断故障
	1-5 诊断排除润滑和冷却系统故障	1-5-1 能诊断排除润滑系统报警故障	(1) 确认润滑系统报警的故障现象 (2) 分析润滑系统报警故障的原因 (3) 诊断排除润滑系统报警故障
		1-5-2 能诊断排除冷却系统故障	(1) 确认冷却系统故障现象 (2) 分析冷却系统故障的原因 (3) 诊断排除冷却系统故障
		1-5-3 能诊断排除机油消耗量过大故障	(1) 确认机油消耗量过大的故障现象 (2) 分析机油消耗量过大故障的原因 (3) 诊断排除机油消耗量过大故障

续表

职业功能模块	培训内容	技能目标	培训细目
2．检修底盘	2-1　检修底盘总成	2-1-1　能检修离合器总成	（1）离合器总成的分解 （2）离合器总成各部件的检查 （3）离合器总成的组装与调整
		2-1-2　能检修手动变速器总成	（1）手动变速器总成的分解 （2）手动变速器各部件的清洁与检查 （3）手动变速器的装配与调整
		2-1-3　能检修万向传动装置	（1）万向传动装置的分解 （2）万向传动装置各部件的清洗、检查 （3）万向传动装置总成的装配与调整
		2-1-4　能检修主减速器和差速器总成	（1）主减速器和差速器的分解 （2）主减速器和差速器各部件的清洗、检查 （3）主减速器和差速器各部件的装配与调整
		2-1-5　能检修转向器总成	（1）转向器总成的分解 （2）转向器总成各部件的检查 （3）转向器总成的组装与调整
	2-2　诊断排除传动系统故障	2-2-1　能诊断排除离合器故障	（1）确认离合器故障现象 （2）分析离合器故障原因 （3）诊断排除离合器故障
		2-2-2　能诊断排除手动变速器故障	（1）确认手动变速器故障现象 （2）分析手动变速器故障原因 （3）诊断排除手动变速器故障
		2-2-3　能检查自动变速器性能	（1）自动变速器基本检查 （2）自动变速器性能检查
		2-2-4　能诊断排除万向传动装置故障	（1）万向传动装置故障现象确认 （2）万向传动装置故障诊断作业
		2-2-5　能诊断排除驱动桥故障	（1）驱动桥故障现象确认 （2）驱动桥故障诊断作业
	2-3　诊断排除行驶系统故障	2-3-1　能诊断排除行驶异响故障	（1）行驶异响故障现象确认 （2）行驶异响故障排除

续表

职业功能模块	培训内容	技能目标	培训细目
2．检修底盘	2-3　诊断排除行驶系统故障	2-3-2　能诊断排除行驶跑偏故障	（1）行驶跑偏故障现象确认 （2）行驶跑偏故障排除
		2-3-3　能诊断排除悬架故障	（1）悬架故障现象确认 （2）悬架故障排除
	2-4　诊断排除转向系统故障	2-4-1　能诊断排除机械转向系统故障	（1）机械转向系统故障现象确认 （2）机械转向系统故障原因分析 （3）机械转向系统故障排除
		2-4-2　能诊断排除液压助力转向系统故障	（1）液压助力转向系统故障现象确认 （2）液压助力转向系统故障原因分析 （3）液压助力转向系统故障排除
		2-4-3　能诊断排除电动助力转向系统故障	（1）电动助力转向系统故障现象确认 （2）电动助力转向系统故障原因分析 （3）电动助力转向系统故障排除
	2-5　诊断排除制动系统故障	2-5-1　能诊断排除制动跑偏故障	（1）制动跑偏故障现象确认 （2）行驶跑偏故障原因分析 （3）行驶跑偏故障排除
		2-5-2　能诊断排除常规制动系统故障	（1）常规制动系统故障现象确认 （2）常规制动系统故障原因分析 （3）常规制动系统故障排除
		2-5-3　能诊断排除制动防抱死系统（ABS）故障	（1）制动防抱死系统故障现象确认 （2）制动防抱死系统故障原因分析 （3）制动防抱死系统故障排除
3．检修汽车电器	3-1　诊断排除电源及起动系统故障	3-1-1　能检修发电机故障	（1）分析发电机故障原因 （2）检修发电机故障

续表

职业功能模块	培训内容	技能目标	培训细目
3．检修汽车电器	3-1　诊断排除电源及起动系统故障	3-1-2　能诊断排除电源系统故障	（1）分析电源系统故障 （2）诊断排除电源系统故障
		3-1-3　能检修起动机故障	（1）分析起动机故障原因 （2）诊断排除起动机故障
		3-1-4　能诊断排除起动系统故障	（1）分析起动系统故障原因 （2）诊断排除起动系统故障
	3-2　诊断排除照明、信号及仪表故障	3-2-1　能诊断排除照明系统电路故障	（1）分析照明系统电路故障原因 （2）诊断排除照明系统电路故障
		3-2-2　能诊断排除信号系统电路故障	（1）分析信号系统电路故障原因 （2）诊断排除信号系统电路故障
		3-2-3　能诊断排除仪表系统电路故障	（1）分析仪表系统电路故障原因 （2）诊断排除仪表系统电路故障
	3-3　诊断排除辅助电器系统故障	3-3-1　能诊断排除音响娱乐系统常见故障	（1）识读音响娱乐系统电路 （2）分析音响娱乐系统故障原因 （3）诊断排除音响娱乐系统常见故障
		3-3-2　能诊断排除电动座椅系统故障	（1）识读电动座椅系统电路 （2）分析电动座椅系统故障原因 （3）诊断排除电动座椅系统故障
		3-3-3　能诊断排除巡航系统故障	（1）更换巡航系统元件 （2）识读巡航系统电路 （3）分析巡航系统故障原因 （4）诊断排除巡航系统故障
		3-3-4　能诊断排除电动后视镜系统故障	（1）识读电动后视镜系统电路 （2）分析电动后视镜系统故障原因 （3）诊断排除电动后视镜系统故障

续表

职业功能模块	培训内容	技能目标	培训细目
3．检修汽车电器	3-3　诊断排除辅助电器系统故障	3-3-5　能诊断排除中控门锁系统故障	（1）识读中控门锁系统电路 （2）分析中控门锁系统故障原因 （3）诊断排除中控门锁系统故障
		3-3-6　能诊断排除雨刷系统故障	（1）识读雨刷系统电路 （2）分析雨刷系统故障原因 （3）诊断排除雨刷系统故障
		3-3-7　能诊断排除电动车窗系统故障	（1）识读电动车窗系统电路 （2）分析电动车窗系统故障原因 （3）诊断排除电动车窗系统故障
		3-3-8　能诊断排除防盗系统故障	（1）更换防盗系统各元件 （2）识读防盗系统电路 （3）分析防盗系统故障原因 （4）诊断排除防盗系统故障
		3-3-9　能诊断排除安全气囊系统故障	（1）更换安全气囊系统的元件 （2）识读安全气囊系统电路 （3）分析安全气囊系统故障原因 （4）诊断排除安全气囊系统故障
	3-4　诊断排除空调系统故障	3-4-1　能诊断排除空调制冷循环系统故障	（1）分析空调制冷循环系统故障原因 （2）诊断排除空调制冷循环系统故障
		3-4-2　能诊断排除手动空调系统电路故障	（1）更换手动空调电气元器件 （2）识读手动空调控制电路 （3）分析手动空调系统电路故障原因 （4）诊断排除手动空调系统电路故障
		3-4-3　能诊断排除自动空调系统电路故障	（1）更换自动空调电控系统元器件 （2）识读自动空调控制电路 （3）分析自动空调系统电路故障原因 （4）诊断排除自动空调系统电路故障

续表

职业功能模块	培训内容	技能目标	培训细目
3．检修汽车电器	3-4 诊断排除空调系统故障	3-4-4 能诊断排除空调取暖和通风系统故障	（1）分析空调取暖故障原因 （2）诊断排除空调取暖故障 （3）分析通风系统故障原因 （4）诊断排除通风系统故障
	3-5 检修电动汽车高压系统故障	3-5-1 能诊断高压绝缘阻抗故障	（1）电机、DC/DC、AC/DC 转换器故障检修 （2）空调暖风加热器及压缩机阻抗故障检修 （3）高压控制盒阻抗故障检修 （4）电机控制器阻抗故障检修 （5）高压线束阻抗故障检修

2.1.5 技师职业技能培训要求

职业功能模块	培训内容	技能目标	培训细目
1．汽车综合故障诊断	1-1 发动机综合故障诊断	1-1-1 能诊断排除发动机燃料消耗过高故障	（1）分析发动机燃料消耗过高的原因 （2）制定发动机燃料消耗过高故障诊断流程 （3）排除发动机燃料消耗过高故障
		1-1-2 能诊断排除车载诊断系统故障	（1）分析车载诊断系统故障产生的原因 （2）制定车载诊断系统故障诊断流程 （3）排除车载诊断系统故障
		1-1-3 能诊断排除发动机功率不足故障	（1）分析发动机功率不足的故障原因 （2）制定发动机功率不足故障诊断流程 （3）排除发动机功率不足故障
	1-2 底盘综合故障诊断	1-2-1 能分析排除自动变速器综合故障	（1）自动变速器五大性能试验 （2）自动变速器性能试验数据分析 （3）排除自动变速器综合故障

续表

职业功能模块	培训内容	技能目标	培训细目
1. 汽车综合故障诊断	1-2　底盘综合故障诊断	1-2-2　能诊断排除传动和行驶系统综合故障	（1）分析传动和行驶系统的综合故障原因 （2）制定传动和行驶系统综合故障诊断流程 （3）排除传动和行驶系统的综合故障
		1-2-3　能诊断排除转向和制动系统综合故障	（1）分析转向和制动系统的综合故障原因 （2）制定转向和制动系统综合故障诊断流程 （3）排除转向和制动系统综合故障
	1-3　电气系统综合故障诊断	1-3-1　能分析排除音响娱乐和车载影像系统综合故障	（1）分析音响娱乐和车载影像系统综合故障原因 （2）制定音响娱乐和车载影像系统综合故障排除流程 （3）排除音响娱乐和车载影像系统综合故障
		1-3-2　能分析排除空调系统综合故障	（1）分析空调系统综合故障原因 （2）制定空调系统综合故障排除流程 （3）排除空调系统综合故障
		1-3-3　能分析排除车载网络控制系统综合故障	（1）分析车载网络控制系统综合故障原因 （2）制定车载网络控制系统综合故障排除流程 （3）排除车载网络控制系统综合故障
		1-3-4　能分析排除车辆电源管理系统综合故障	（1）分析车辆电源管理系统综合故障原因 （2）制定车辆电源管理系统综合故障诊断流程 （3）排除车辆电源管理系统综合故障
	1-4　电动汽车故障诊断	1-4-1　能诊断车载充电系统无法充电故障	（1）分析车载充电系统无法充电故障原因 （2）编制车载充电系统无法充电故障诊断流程 （3）排除车载充电系统无法充电故障

续表

职业功能模块	培训内容	技能目标	培训细目
1．汽车综合故障诊断	1-4　电动汽车故障诊断	1-4-2　能诊断空调加热系统无暖风故障	（1）分析空调加热系统无暖风故障原因 （2）编制空调加热系统无暖风故障诊断流程 （3）排除空调加热系统无暖风故障
2．汽车大修竣工检验	2-1　路试检验	2-1-1　能进行动力性能的路试检验	（1）采集动力性能的路试检验数据 （2）分析动力性能的路试检验数据
		2-1-2　能进行经济性能的路试检验	（1）采集经济性能的路试检验数据 （2）分析经济性能的路试检验数据
		2-1-3　能进行转向性能的路试检验	（1）采集转向性能的路试检验数据 （2）分析转向性能的路试检验数据
		2-1-4　能进行制动性能的路试检验	（1）采集制动性能的路试检验数据 （2）分析制动性能的路试检验数据
		2-1-5　能进行滑行性能的路试检验	（1）采集滑行性能的路试检验数据 （2）分析滑行性能的路试检验数据
	2-2　台架检验	2-2-1　能检测发动机综合性能	（1）采集发动机综合性能参数数据 （2）分析比对发动机综合性能参数数据
		2-2-2　能检测发动机无负荷功率	（1）采集发动机的无负荷实验数据 （2）分析发动机的无负荷实验数据
		2-2-3　能检测喇叭声级和车辆噪声	（1）采集车辆喇叭声级和车辆噪声数据 （2）分析车辆喇叭声级和车辆噪声数据

续表

职业功能模块	培训内容	技能目标	培训细目
2．汽车大修竣工检验	2-2　台架检验	2-2-4　能检测前照灯性能	（1）采集前照灯性能检测数据 （2）分析前照灯性能检测数据
		2-2-5　能检测车辆制动性能	（1）采集车辆制动性能检测数据 （2）分析车辆制动性能检测数据
		2-2-6　能检测车辆排放性能	（1）采集车辆尾气排放数据 （2）分析车辆尾气排放数据
3．技术管理与指导培训	3-1　技术管理	3-1-1　能制定维修方案并组织实施	（1）制定系统综合故障的维修方案 （2）组织技术人员实施维修方案
		3-1-2　能撰写汽车故障分析报告和技术论文	（1）运用各类汽车维修手册和搜索引擎查阅资料 （2）组织技术人员撰写汽车故障分析报告和技术论文
		3-1-3　能对车辆维修质量进行技术评定	（1）制定企业车辆维修质量管理程序 （2）实施车辆维修质量技术评定
		3-1-4　能掌握汽车新技术、新工艺、新设备、新材料等相关知识并承担“技改”任务	（1）组织汽车新技术知识培训 （2）组建技术创新改革小组
	3-2　指导培训	3-2-1　能指导低级别人员进行维修作业、排除复杂故障	（1）开展汽车维修综合故障案例分析培训 （2）组织技术人员编写维修经验总结
		3-2-2　能对低级别人员进行技能培训	（1）编写汽车维修培训教案 （2）收集典型维修案例 （3）开展定期技术讲座

2.1.6 高级技师职业技能培训要求

职业功能模块	培训内容	技能目标	培训细目
1．汽车复合故障诊断	1–1 发动机机电复合故障诊断	1–1–1 能诊断分析发动机机电复合故障	（1）相关系统波形与数据流分析技术培训 （2）汽车数据总线［主要指驱动 CAN（高速 CAN）］知识培训 （3）汽车排放控制系统检测技术培训 （4）汽车发动机电子控制策略培训
		1–1–2 能编制发动机机电复合故障诊断流程和维修工艺并组织实施	（1）撰写发动机机电复合故障诊断分析报告 （2）发动机机电复合故障处理的程序和方法指导
	1–2 底盘机电复合故障诊断	1–2–1 能诊断排除底盘机电复合故障	（1）底盘相关系统波形与数据流分析技术培训 （2）底盘异响综合故障诊断与排除 （3）底盘振动综合故障诊断与排除 （4）汽车底盘各电控系统控制策略培训
		1–2–2 能编制底盘机电复合故障诊断流程和维修工艺并组织实施	（1）撰写底盘机电复合故障诊断分析报告 （2）底盘机电复合故障处理的程序和方法指导
	1–3 汽车电气复合故障诊断	1–3–1 能诊断排除车身电气系统复合故障	（1）车身电气相关系统波形与数据流分析技术培训 （2）汽车数据总线（主要是指车身 CAN、LIN、MOST 等）故障检测、诊断和维修 （3）电源管理系统故障诊断与排除 （4）汽车车身各电控系统控制策略培训

续表

职业功能模块	培训内容	技能目标	培训细目
1. 汽车复合故障诊断	1-3 汽车电气复合故障诊断	1-3-2 能编制电气系统复合故障诊断流程和维修工艺要求并组织实施	(1) 撰写车身电气系统故障诊断分析报告 (2) 车身电气系统疑难故障处理的程序和方法指导
	1-4 电动汽车驱动系统急加速动力中断故障诊断	1-4-1 能诊断驱动系统急加速动力中断故障	(1) 驱动系统急加速动力中断故障原因分析 (2) 驱动系统急加速动力中断故障诊断流程的编制与实施
2. 技术管理与革新	2-1 技术管理	2-1-1 能制定企业内部汽车维修质量管理标准、考核标准并组织实施	(1) 技术质量管理 (2) 质量检验 (3) 质量分析 (4) 维修质量纠纷处理
	2-2 技术革新	2-2-1 能推广汽车维修新技术、新材料、新工艺，通过试验改进维修作业流程	(1) 汽车修理中新设备、新技术、新材料、新工艺的应用 (2) 优化维修作业流程
		2-2-2 能进行技术革新、技术改造，并编写工艺规程	(1) 汽车修理设备设计改造知识 (2) 汽车维修工艺设计知识(工艺设计内容、生产纲领、工艺计算)
3. 技术指导与培训	3-1 技术指导	3-1-1 能指导技师排除偶发、疑难故障	(1) 指导技师制定偶发、疑难故障处理的程序 (2) 指导组织实施各类人员技术培训和考核
	3-2 系统培训	3-2-1 能制订系统培训计划，细分课程并组织实施	(1) 能对技师及以下级别人员进行操作培训 (2) 指导编写培训讲义

2.2 课程规范

2.2.1 职业基本素质培训课程规范

模块	课程	学习单元	课程内容	培训建议	课堂学时
1．职业认知与职业道德	1–1 职业认知	（1）职业认知	1）汽车维修业 ①汽车的定义 ②汽车维修的定义 ③汽车维修的仪器、设备、工具 2）汽车维修工的工作内容 ①了解汽车维护作业的工艺流程 ②汽车的清洁、补给、检查 ③汽车的润滑、紧固、调整、修复 ④汽车故障的判断与排除	（1）方法：讲授法、案例教学法 （2）重点与难点：汽车维修工的工作内容	1
	1–2 职业道德基本知识	（1）道德与职业道德	1）职业道德 ①职业道德的概念 ②各行业共同的职业道德内容 ③工作态度、维修质量、职业道德三者的关系 ④加强职业道德修养 2）汽车维修人员职业道德规范 ①忠于职守、爱岗敬业的含义 ②汽车维修业对维修人员的要求 ③团结协作的表现 ④廉洁奉公、爱岗敬业的具体要求	（1）方法：讲授法、案例教学法 （2）重点：汽车维修人员的职业道德规范 （3）难点：汽车维修人员职业道德规范的养成与应用	2

续表

模块	课程	学习单元	课程内容	培训建议	课堂学时
1. 职业认知与职业道德	1-3 职业守则	(1) 汽车维修工职业守则	1) 遵守相关法律、法规和规定	(1) 方法：讲授法、案例教学法 (2) 重点与难点：汽车维修工的职业守则	1
			2) 爱岗敬业，忠于职守，诚实守信		
			3) 认真负责，严于律己		
			4) 努力学习，钻研业务，奉献社会		
			5) 谦虚谨慎，团结协作		
			6) 严格执行工艺文件，质量意识强		
			7) 重视安全生产，环保意识强		
2. 基础知识	2-1 钳工基础知识	(1) 钳工基础知识	1) 钳工常用工具、量具、仪表的用途和使用方法	(1) 方法：讲授法、演示法 (2) 重点与难点：钳工规范操作	30
			2) 装配钳工操作基础知识		
	2-2 汽车常用材料	(1) 汽车常用材料	1) 汽车常用金属材料和非金属材料的种类、性能及应用	(1) 方法：讲授法、演示法 (2) 重点与难点：汽车常用材料的正确选用	4
			2) 燃料的牌号、性能及使用		
			3) 润滑油、润滑脂的牌号、性能及使用		
			4) 常用工作液的牌号、性能及使用		
			5) 汽车轮胎的规格、分类及使用		
			6) 轴承的类型、结构		
			7) 紧固件的种类与代号		

续表

模块	课程	学习单元	课程内容	培训建议	课堂学时
2．基础知识	2-3 电工与电子基础知识	(1) 电工与电子基础知识	1）电路基础知识（直流电路、交流电路）	(1) 方法：讲授法、演示法 (2) 重点与难点：常见电子元件的识别	12
			2）电路基本元件的名称与代号		
			3）电子电路基础知识		
			4）常见电子元件的名称与代号		
			5）电工电子测量		
	2-4 液压传动	(1) 液压传动基础知识	1）液压传动基础知识	(1) 方法：讲授法 (2) 重点与难点：液压传动在汽车上的应用	2
			2）液压传动在汽车上的应用		
	2-5 汽车维修设备、工具和仪器	(1) 汽车维修设备和工具	1）维修常用设备、工具的种类和用途	(1) 方法：讲授法 (2) 重点与难点：常用维修工具的使用方法	2
			2）一般工具和设备（手动、气动、电动）的选择和使用		
			3）一般汽车检测仪器的使用		
	2-6 汽车构造	(1) 汽车构造	1）汽车的总体构造	(1) 方法：讲授法、演示法 (2) 重点与难点：汽车电器设备与电子控制装置	10
			2）发动机的总体构造		
			3）底盘的总体构造		
			4）汽车电器设备与电子控制装置的组成		
			5）车身结构和作用		
	2-7 安全生产与环境保护知识	(1) 安全生产与环境保护知识	1）安全防火和安全用电知识	(1) 方法：讲授法、实训法、案例教学法 (2) 重点与难点：汽车维修设备、检测仪器和专用工具安全操作规范	2
			2）环保法规及相关知识		
			3）车用油品的储存和使用		
			4）废弃物品和废弃油品处理		
			5）危险化学品管理知识		

续表

模块	课程	学习单元	课程内容	培训建议	课堂学时
2. 基础知识	2–7 安全生产与环境保护知识	(1) 安全生产与环境保护知识	6) 汽车维修作业安全管理知识		
			7) 汽车维修设备、检测仪器和专用工具安全操作规范		
			8) 现场急救知识		
			9) 汽车尾气排放法规		
	2–8 质量管理知识	(1) 质量管理知识	1) 质量管理的概念	(1) 方法：讲授法 (2) 重点与难点：质量管理的基本方法	2
			2) 汽车维修质量管理的基本方法		
3. 法律法规	3–1 相关法律、法规知识	(1) 相关法律、法规知识	1)《中华人民共和国劳动法》相关知识	(1) 方法：讲授法 (2) 重点：对《机动车维修管理规定》的理解与掌握	2
			2)《中华人民共和国合同法》相关知识		
			3)《中华人民共和国消费者权益保护法》相关知识		
			4)《家用汽车产品修理、更换、退货责任规定》相关知识		
			5)《道路运输从业人员管理规定》相关知识		
			6)《机动车维修管理规定》相关知识		
			7)《汽车维护、检测、诊断技术规范》相关知识		
			8)《特种设备安全监察条例》相关知识		
			9)《液化天然气汽车专用装置安装要求》相关知识		
课堂学时合计					70

2.2.2　初级职业技能培训课程规范

模块	课程	学习单元	课程内容	培训建议	课堂学时
1．汽车维护	1-1　发动机维护	（1）发动机总体认知	1）发动机的类型、功用及布置形式	（1）方法：讲授法、实训法 （2）重点与难点：发动机附件的认知	2
			2）发动机附件的认知		
		（2）发动机一级维护作业内容	1）发动机一级维护作业内容	（1）方法：讲授法 （2）重点与难点：发动机一级维护作业内容	2
			2）发动机一级维护操作要点和技术要求		
		（3）清洁、更换空气滤清器	1）空气滤清器的类型、功用及安装位置	（1）方法：讲授法、实训法 （2）重点与难点：空气滤清器的安装	2
			2）空气滤清器的拆卸		
			3）空气滤清器的安装与清洁		
			4）空气滤清器的拆装要求与注意事项		
		（4）更换机油及机油滤清器	1）润滑油的分类与选用	（1）方法：讲授法、实训法 （2）重点与难点：机油及滤清器的更换	6
			2）机油及机油滤清器的更换		
			3）检查发动机机油泄漏		
			4）发动机机油液位的检查调整		
			5）机油的更换注意事项		
			6）废弃物的处理要求		
		（5）清理发动机水箱表面污物	1）发动机水箱的类型、功用	（1）方法：讲授法、实训法 （2）重点与难点：发动机水箱泄漏的检查	2
			2）发动机水箱表面污物的清理		
			3）发动机水箱泄漏的检查		

续表

模块	课程	学习单元	课程内容	培训建议	课堂学时
1．汽车维护	1-2　底盘维护	（1）底盘总体认知	1）底盘的类型、功用及布置形式	（1）方法：讲授法 （2）重点与难点：底盘总体结构认知	2
			2）底盘总体结构认知		
		（2）底盘一级维护作业内容	1）底盘一级维护作业内容	（1）方法：讲授法 （2）重点与难点：底盘一级维护作业内容	2
			2）底盘一级维护操作要点和技术要求		
		（3）检查与紧固底盘螺栓、螺母	1）螺栓和螺母的分类、规格	（1）方法：讲授法、实训法 （2）重点与难点：底盘螺栓、螺母的检查	2
			2）底盘螺栓、螺母的检查		
			3）底盘螺栓、螺母的紧固		
		（4）检查车轮外观损伤、轮胎花纹深度和轮胎气压	1）车轮组成、轮胎结构	（1）方法：讲授法、演示法、实训法 （2）重点与难点：轮胎检查的方法与注意事项	2
			2）车轮外观损伤、花纹深度的检查		
			3）轮胎气压的检查与补充		
			4）轮胎检查的方法与注意事项		
		（5）加注润滑油、润滑脂	1）润滑油、润滑脂的分类与选用	（1）方法：讲授法、演示法、实训法 （2）重点与难点：润滑油、润滑脂的选用与加注方法	2
			2）底盘油脂泄漏的检查		
			3）润滑油、润滑脂的加注		
		（6）检查制动、转向、传动等系统的油位和油品	1）制动液、转向助力液、传动系统油等型号的识别与选用	（1）方法：讲授法、演示法、实训法 （2）重点与难点：润滑油、润滑脂的选用与加注方法	4
			2）制动、转向、传动等系统油位的检查		

续表

模块	课程	学习单元	课程内容	培训建议	课堂学时
1．汽车维护	1–2　底盘维护	（6）检查制动、转向、传动等系统的油位和油品	3）制动、转向、传动等系统油品的检查		
	1–3　电器维护	（1）检查灯光、仪表、信号系统功能	1）灯光、仪表、信号系统的功用	（1）方法：讲授法、演示法、实训法 （2）重点与难点：灯光、仪表、信号系统功能的检查方法	4
			2）灯光、仪表、信号系统功能的检查		
			3）更换灯泡		
		（2）检查喇叭、刮水器、中控门锁、电动后视镜、电动座椅等辅助电器系统功能	1）喇叭、刮水器、中控门锁、电动后视镜、电动座椅等辅助电器系统功用	（1）方法：讲授法、演示法、实训法 （2）重点与难点：辅助电器系统的检查方法与注意事项	4
			2）喇叭、刮水器、中控门锁、电动后视镜、电动座椅等辅助电器系统功能的检查		
		（3）检查空调系统功能	1）空调系统功用与模式	（1）方法：讲授法、演示法、实训法 （2）重点与难点：空调系统的检查方法与注意事项	4
			2）空调系统功能的检查		
		（4）检查蓄电池极桩连接及清洁情况	1）蓄电池的作用与类型	（1）方法：讲授法、实训法 （2）重点：正确更换蓄电池	2
			2）蓄电池极桩连接情况的检查		
			3）蓄电池极桩的清洁		
			4）蓄电池的规范充电		
			5）正确更换蓄电池		

续表

模块	课程	学习单元	课程内容	培训建议	课堂学时
1．汽车维护	1–4　电动汽车维护	（1）执行电动汽车的高压安全防护措施	1）安全防护设备的检查与选用 2）电动汽车高压电摘除 3）电动汽车高压安全检查	（1）方法：演示法、实训法 （2）重点：高压安全与防护 （3）难点：高压检查	24
		（2）执行电动汽车的日常维护	1）电动汽车充、放电 2）电动汽车常用电器设备功能检查 3）电动汽车日常检查与维护	（1）方法：演示法、实训法 （2）重点：电动汽车充、放电	12
2．检修发动机	2–1　拆装发动机附件	（1）拆装发电机总成	1）发电机类型、功用、型号及安装位置 2）发电机总成的拆卸 3）发电机总成的安装与检查	（1）方法：演示法、实训法 （2）重点与难点：发电机总成的拆装及注意事项	2
		（2）拆装起动机总成	1）起动机类型、功用、型号及安装位置 2）起动机总成的拆卸 3）起动机总成的安装与检查	（1）方法：演示法、实训法 （2）重点与难点：起动机总成的拆装及注意事项	2
		（3）拆装液压转向助力泵总成	1）液压转向助力泵的类型、功用、型号及安装位置 2）液压转向助力泵总成的拆卸 3）液压转向助力泵总成的安装与检查	（1）方法：演示法、实训法 （2）重点与难点：液压转向助力泵总成的拆装及注意事项	2
	2–2　拆装发动机总成	（1）拆装附件驱动皮带	1）附件驱动皮带类型、功用、型号及安装位置 2）附件驱动皮带的拆卸 3）附件驱动皮带的安装与检查	（1）方法：演示法、实训法 （2）重点与难点：附件驱动皮带的拆装要求与注意事项	6

续表

<table>
<tr><th>模块</th><th>课程</th><th>学习单元</th><th>课程内容</th><th>培训建议</th><th>课堂学时</th></tr>
<tr><td rowspan="7">2．检修发动机</td><td rowspan="7">2–2　拆装发动机总成</td><td rowspan="4">（2）拆装气门室盖和油底壳</td><td>1）气门室盖和油底壳的类型、功用、型号及安装位置</td><td rowspan="4">1）方法：讲授法、演示法、实训法
（2）重点与难点：气门室盖和油底壳的拆装要求及注意事项</td><td rowspan="4">6</td></tr>
<tr><td>2）气门室盖和油底壳的拆卸</td></tr>
<tr><td>3）气门室盖和油底壳的清洗</td></tr>
<tr><td>4）气门室盖和油底壳的安装与检查</td></tr>
<tr><td rowspan="3">（3）拆装润滑系统、冷却系统外部部件</td><td>1）润滑系统、冷却系统外部部件的类型、作用及型号</td><td rowspan="3">（1）方法：讲授法、演示法、实训法
（2）重点与难点：润滑系统、冷却系统外部部件的拆装步骤及注意事项</td><td rowspan="3">6</td></tr>
<tr><td>2）润滑系统、冷却系统外部部件的拆卸</td></tr>
<tr><td>3）润滑系统、冷却系统外部部件的安装</td></tr>
<tr><td rowspan="13">3．检修底盘</td><td rowspan="9">3–1　拆装行驶系统</td><td rowspan="5">（1）轮胎换位</td><td>1）行驶系的功用及组成</td><td rowspan="5">（1）方法：讲授法、演示法、实训法
（2）重点与难点：轮胎的换位操作</td><td rowspan="5">4</td></tr>
<tr><td>2）车轮功用、类型</td></tr>
<tr><td>3）车轮拆装与换位的技术要求</td></tr>
<tr><td>4）车轮的拆卸</td></tr>
<tr><td>5）轮胎的换位安装与检查</td></tr>
<tr><td rowspan="4">（2）更换减震器总成</td><td>1）悬架的功用、类型、结构组成及工作原理</td><td rowspan="4">（1）方法：讲授法、演示法、实训法
（2）重点：减震器总成的结构及拆装
（3）难点：减震器总成的拆装</td><td rowspan="4">6</td></tr>
<tr><td>2）减震器类型、功用、结构及工作原理</td></tr>
<tr><td>3）减震器总成的拆卸</td></tr>
<tr><td>4）减震器总成的安装与检查</td></tr>
<tr><td rowspan="4">3–2　拆装转向系统</td><td rowspan="4">（1）更换转向拉杆与球头</td><td>1）转向系的功用、类型及基本组成</td><td rowspan="4">（1）方法：讲授法、演示法、实训法
（2）重点：转向拉杆与球头的结构与拆装
（3）难点：转向拉杆与球头的拆装</td><td rowspan="4">4</td></tr>
<tr><td>2）转向拉杆与球头的功用、结构及安装位置</td></tr>
<tr><td>3）转向拉杆与球头的拆卸</td></tr>
<tr><td>4）转向拉杆与球头的安装与检查</td></tr>
</table>

续表

模块	课程	学习单元	课程内容	培训建议	课堂学时
3．检修底盘	3-2　拆装转向系统	（2）更换平衡杆	1）平衡杆的功用、结构及安装位置 2）平衡杆的拆卸 3）平衡杆的安装	（1）方法：讲授法、演示法、实训法 （2）重点：平衡杆的结构与拆装 （3）难点：平衡杆的拆装	4
	3-3　拆装制动系统	（1）更换盘式制动器	1）制动系的功用、类型及组成 2）盘式制动器的功用、类型及结构组成 3）盘式制动器拆卸 4）盘式制动器的安装检查	（1）方法：讲授法、演示法、实训法 （2）重点：盘式制动器结构及拆装 （3）难点：盘式制动器的拆装	6
		（2）更换鼓式制动器	1）鼓式制动器的功用、类型及结构组成 2）鼓式制动器的拆卸 3）鼓式制动器的安装与检查	（1）方法：讲授法、演示法、实训法 （2）重点：鼓式制动器结构及拆装 （3）难点：鼓式制动器的拆装	6
		（3）更换驻车制动装置	1）驻车制动装置的功用、类型、结构组成及安装位置 2）驻车制动装置的拆卸 3）驻车制动装置的安装与检查	（1）方法：讲授法、演示法、实训法 （2）重点：驻车制动装置的结构与拆装检查 （3）难点：驻车制动装置总成的拆装检查	6
		（4）更换制动轮缸	1）液压制动系的功用、结构及组成 2）制动轮缸的功能、结构及安装位置 3）制动轮缸的拆卸 4）制动轮缸的安装检查	（1）方法：讲授法、演示法、实训法 （2）重点：制动轮缸的结构与拆装检查 （3）难点：制动轮缸的拆装与检查	6

续表

模块	课程	学习单元	课程内容	培训建议	课堂学时
4．检修汽车电器	4-1 拆装蓄电池、照明、信号、仪表系统	（1）更换蓄电池	1）蓄电池的功用、类型、型号及安装位置	（1）方法：讲授法、演示法、实训法 （2）重点：蓄电池的拆装步骤 （3）难点：蓄电池更换后的基本设定	4
			2）蓄电池的拆卸		
			3）蓄电池的安装与检查		
			4）蓄电池更换后的基本设定		
		（2）更换灯泡	1）灯泡的功用、类型及安装位置	（1）方法：演示法、实训法 （2）重点：灯泡的拆装步骤 （3）难点：灯泡的检查	6
			2）灯泡的拆卸		
			3）灯泡的安装与检查		
		（3）更换熔丝	1）熔丝的功用、类型及安装位置	（1）方法：演示法、实训法 （2）重点与难点：熔丝的拆装	2
			2）熔丝的检查		
			3）熔丝的拆装		
	4-2 拆装其他辅助电器系统	（1）更换刮水臂、刮水片	1）刮水臂、刮水片的功用、类型及安装位置	（1）方法：演示法、实训法 （2）重点：刮水臂的拆装 （3）难点：刮水臂的安装	2
			2）刮水臂、刮水片的拆卸		
			3）刮水臂、刮水片的安装与检查		
		（2）调整喷水位置	1）喷水系统的功用、组成及工作原理	（1）方法：演示法、实训法 （2）重点与难点：喷水位置的调整	2
			2）喷水位置的调整与检查		
		（3）更换喇叭	1）喇叭的功用、组成、类型及工作原理	（1）方法：讲授法、演示法、实训法 （2）重点：喇叭的拆装 （3）难点：喇叭的检查	4
			2）喇叭的拆卸		
			3）喇叭的安装与检查		

续表

模块	课程	学习单元	课程内容	培训建议	课堂学时
4．检修汽车电器	4-3 拆装空调系统	（1）清洁冷凝器	1）冷凝器的清洁方法 2）冷凝器清洁的技术要求 3）冷凝器的清洁与检查	（1）方法：演示法、实训法 （2）重点：冷凝器的清洁 （3）难点：冷凝器的检查	2
		（2）更换空调滤清器	1）空调滤清器的功用、类型及安装位置 2）空调滤清器的拆卸 3）空调滤清器的安装	（1）方法：演示法、实训法 （2）重点与难点：空调滤清器的拆装	4
课堂学时合计					170

2.2.3 中级职业技能培训课程规范

模块	课程	学习单元	课程内容	培训建议	课堂学时
1．汽车维护	1-1 发动机维护	（1）发动机二级维护作业内容	1）发动机二级维护作业内容 2）发动机二级维护作业操作要点和技术要求	（1）方法：讲授法 （2）重点与难点：发动机二级维护作业内容	2
		（2）检测气缸压力	1）气缸压力表类型、功用 2）气缸压力的检测	（1）方法：讲授法、实训法 （2）重点与难点：气缸压力的检测方法与注意事项	2
		（3）更换燃油滤清器	1）燃油滤清器的类型、功用及安装位置 2）燃油滤清器的拆卸 3）燃油滤清器的安装	（1）方法：讲授法、实训法 （2）重点与难点：燃油滤清器的更换方法与注意事项	2
		（4）检查进、排气系统	1）进、排气系统的类型、功用及安装位置 2）进气系统的检查 3）排气系统的检查	（1）方法：讲授法、实训法 （2）重点与难点：进、排气系统检查方法与注意事项	2

续表

模块	课程	学习单元	课程内容	培训建议	课堂学时
1．汽车维护	1–1　发动机维护	(5) 检查冷却系统	1）冷却系统的类型、功用及组成	(1) 方法：讲授法、实训法 (2) 重点与难点：冷却系统密封性的检查方法与注意事项	2
			2）冷却系统密封性的检查		
			3）冷却液冰点的检查		
		(6) 检查、调整及更换发动机传动皮带	1）发动机传动皮带的结构、功用和类型	(1) 方法：讲授法、实训法、演示法 (2) 重点与难点：发动机传动皮带的检查与更换	2
			2）发动机传动皮带的检查、调整及更换		
		(7) 检查、更换发动机正时皮带或正时链条	1）发动机正时皮带或正时链条的结构、功用和类型	(1) 方法：讲授法、实训法、演示法 (2) 重点与难点：发动机正时皮带或正时链条的检查与更换	4
			2）发动机正时皮带或正时链条的检查与更换		
	1–2　底盘维护	(1) 底盘二级维护作业内容	1）底盘二级维护作业内容	(1) 方法：讲授法 (2) 重点与难点：底盘二级维护作业内容	2
			2）底盘二级维护作业操作要点和技术要求		
		(2) 检查、调整离合器踏板自由行程	1）离合器踏板自由行程的功用	(1) 方法：讲授法、实训法、演示法 (2) 重点与难点：离合器踏板自由行程的调整方法和技术要求	4
			2）离合器踏板自由行程的检查		
			3）离合器踏板自由行程的调整		
		(3) 检查万向节、传动轴工作情况	1）万向节、传动轴的功用、类型	(1) 方法：讲授法、实训法、演示法 (2) 重点与难点：万向节、传动轴的检查方法和技术要求	4
			2）检查万向节工作情况		
			3）检查传动轴工作情况		

续表

模块	课程	学习单元	课程内容	培训建议	课堂学时
1．汽车维护	1–2 底盘维护	（4）检查与调整转向拉杆及球头	1）转向拉杆及球头的功用与类型 2）转向拉杆及球头的检查 3）调整转向杆	（1）方法：讲授法、实训法、演示法 （2）重点与难点：转向拉杆及球头的调整方法和技术要求	4
		（5）检查悬架弹簧、减振器性能	1）悬架弹簧、减振器功用与类型 2）悬架弹簧性能的检查 3）减振器性能的检查	（1）方法：讲授法、实训法、演示法 （2）重点与难点：悬架弹簧、减振器的检查方法和技术要求	4
		（6）检查、调整轮毂轴承间隙	1）轮毂轴承的功用与类型 2）轮毂轴承间隙的检查 3）轮毂轴承间隙的调整	（1）方法：讲授法、实训法、演示法 （2）重点与难点：轮毂轴承间隙的调整方法和技术要求	4
		（7）检查、调整制动器和更换制动片	1）制动器的功用与类型 2）制动器的检查与调整 3）制动片的更换	（1）方法：讲授法、实训法、演示法 （2）重点与难点：制动器的调整方法和技术要求	6
2．检修发动机	2–1 诊断参数检测	（1）检测进气歧管真空度	1）真空表的类型、作用及使用方法 2）进气歧管真空度的检测方法及要求	（1）方法：讲授法、演示法、实训法 （2）重点与难点：进气歧管真空度测量方法及要求	2
		（2）检测汽油机燃油压力	1）燃油压力表的类型、作用及使用方法 2）汽油机燃油压力的检测	（1）方法：讲授法、演示法、实训法 （2）重点与难点：燃油压力的测量方法及要求	2

续表

模块	课程	学习单元	课程内容	培训建议	课堂学时
2．检修发动机	2-1 诊断参数检测	(3) 检测汽车尾气排放	1）尾气分析仪的类型、作用及使用方法 2）汽车尾气排放的检测	(1) 方法：讲授法、演示法、实训法 (2) 重点与难点：汽车尾气的检测方法和技术要求	4
		(4) 使用汽车故障电脑诊断仪	1）汽车故障电脑诊断仪类型、功用 2）故障电脑诊断仪操作方法及故障码相关知识 3）就车使用故障诊断仪	(1) 方法：讲授法、演示法、实训法 (2) 重点与难点：故障电脑诊断仪操作方法及故障码相关知识	4
	2-2 检修曲柄连杆机构	(1) 拆检气缸体及气缸	1）气缸体及气缸的组成及工作原理 2）气缸体及气缸的分解 3）气缸体及气缸的检查 4）气缸体及气缸的安装与调整	(1) 方法：讲授法、演示法、实训法 (2) 重点与难点：气缸体及气缸的检查	4
		(2) 拆检活塞、活塞环及活塞销	1）活塞、活塞环及活塞销的组成及工作原理 2）活塞、活塞环及活塞销的分解 3）活塞、活塞环及活塞销的检查 4）活塞、活塞环及活塞销的安装与调整	(1) 方法：讲授法、演示法、实训法 (2) 重点与难点：活塞、活塞环及活塞销的检查	4
		(3) 拆检连杆及轴承	1）连杆及轴承的组成及工作原理 2）连杆及轴承的分解 3）连杆及轴承的检查 4）连杆及轴承的安装与调整	(1) 方法：讲授法、演示法、实训法 (2) 重点与难点：连杆及轴承检查	4

续表

模块	课程	学习单元	课程内容	培训建议	课堂学时
2．检修发动机	2-2 检修曲柄连杆机构	(4) 拆检飞轮、曲轴及轴承	1) 飞轮、曲轴及轴承的组成及工作原理	(1) 方法：讲授法、演示法、实训法 (2) 重点与难点：飞轮、曲轴及轴承的检查	4
			2) 飞轮、曲轴及轴承的分解		
			3) 飞轮、曲轴及轴承的检查		
			4) 飞轮、曲轴及轴承的安装与调整		
	2-3 检修配气机构	(1) 拆检凸轮轴	1) 凸轮轴的组成及工作原理	(1) 方法：讲授法、演示法、实训法 (2) 重点与难点：凸轮轴的安装与调整	4
			2) 凸轮轴的分解		
			3) 凸轮轴的检查		
			4) 凸轮轴的安装与调整		
		(2) 拆检气门组件	1) 气门组件的组成及工作原理	(1) 方法：讲授法、演示法、实训法 (2) 重点与难点：气门组件的安装与调整	4
			2) 气门组件的分解		
			3) 气门组件的检查		
			4) 气门组件的安装与调整		
		(3) 拆检气缸盖	1) 气缸盖的组成	(1) 方法：讲授法、演示法、实训法 (2) 重点与难点：气缸盖的安装与调整	4
			2) 气缸盖的分解		
			3) 气缸盖的检查		
			4) 气缸盖的安装与调整		
	2-4 检修燃油、电控系统	(1) 检测燃油供给系统	1) 燃油供给系统的类型、组成、功用及安装位置	(1) 方法：讲授法、演示法、实训法 (2) 重点与难点：燃油供给系统检测方法及技术要求	4
			2) 燃油供给系统的拆卸		
			3) 燃油供给系统的检测		
			4) 燃油供给系统的安装与调整		

续表

模块	课程	学习单元	课程内容	培训建议	课堂学时
2．检修发动机	2-4　检修燃油、电控系统	（2）检测各传感器性能	1）传感器的类型、组成、功用及安装位置 2）温度、位置等传感器的拆卸 3）温度、位置等传感器的检测 4）温度、位置等传感器的安装与调整	（1）方法：讲授法、演示法、实训法 （2）重点与难点：温度、位置等传感器的检测	12
		（3）检测各执行器性能	1）执行器的类型、组成、功用及安装位置 2）喷油器等执行器的拆卸 3）喷油器等执行器的检测 4）喷油器等执行器的安装与调整	（1）方法：讲授法、演示法、实训法 （2）重点与难点：喷油器等执行器的检测	8
		（4）检测点火系统电路	1）点火系统电路的识读 2）点火系统电路的检修	（1）方法：讲授法、演示法、实训法 （2）重点与难点：点火系统电路的检修	4
	2-5　检修润滑和冷却系统	（1）检测机油压力	1）润滑系统的类型、组成、功用及安装位置 2）检测机油压力及调节阀工作情况	（1）方法：讲授法、演示法、实训法 （2）重点与难点：检测机油压力及调节阀工作情况	2
		（2）检查水泵密封性	1）冷却系统类型、组成及作用 2）水泵的类型、组成、功用及安装位置 3）水泵密封性的检查	（1）方法：讲授法、演示法、实训法 （2）重点与难点：水泵密封性的检查	2

续表

模块	课程	学习单元	课程内容	培训建议	课堂学时
2．检修发动机	2–5　检修润滑和冷却系统	（3）检测节温器工作状况	1）节温器的类型、组成、功用及安装位置	（1）方法：讲授法、演示法、实训法 （2）重点与难点：检测节温器的工作情况	2
			2）检测节温器的工作情况		
		（4）检测冷却风扇、温控开关工作情况	1）冷却风扇、温控开关的类型、组成、功用及安装位置	（1）方法：讲授法、演示法、实训法 （2）重点与难点：检测冷却风扇、温控开关的工作情况	2
			2）检测冷却风扇、温控开关的工作情况		
	2–6　检修进、排气系统	（1）拆检废气涡轮增压器	1）废气涡轮增压器的类型、组成、功用及安装位置	（1）方法：讲授法、演示法、实训法 （2）重点与难点：废气涡轮增压器的安装与调整	4
			2）废气涡轮增压器的拆卸		
			3）废气涡轮增压器的检查		
			4）废气涡轮增压器的安装与调整		
		（2）检测进气系统密封性	1）进气系统的类型及工作原理	（1）方法：讲授法、演示法、实训法 （2）重点与难点：检测进气系统的密封性	2
			2）检测进气系统的密封性		
		（3）检测排气系统的排气阻力	1）排气系统的类型及工作原理	（1）方法：讲授法、演示法、实训法 （2）重点与难点：检测排气系统的排气阻力	2
			2）检测排气系统的排气阻力		

续表

模块	课程	学习单元	课程内容	培训建议	课堂学时
3．检修底盘	3-1 检修传动系统	（1）更换离合器总成	1）传动系统功用、类型、结构组成及工作原理	（1）方法：讲授法、演示法、实训法 （2）重点：离合器的结构及总成更换操作 （3）难点：离合器总成更换的操作与注意事项	4
			2）离合器的类型、功用及安装位置		
			3）离合器总成的拆卸		
			4）离合器总成的安装与调整		
		（2）更换手动变速器总成	1）手动变速器的功用、类型、结构及安装位置	（1）方法：讲授法、演示法、实训法 （2）重点：手动变速器的结构、功用及总成更换操作 （3）难点：手动变速器的总成更换操作与注意事项	6
			2）手动变速器总成的拆卸		
			3）手动变速器总成的安装		
		（3）更换万向传动装置总成	1）万向传动装置的功用、组成及安装位置	（1）方法：讲授法、演示法、实训法 （2）重点：万向传动装置总成的组成及更换操作 （3）难点：万向传动装置总成的更换操作与注意事项	2
			2）万向传动装置总成的拆卸		
			3）万向传动装置总成的安装		
		（4）更换主减速器及差速器总成	1）主减速器及差速器总成的功用、类型及安装位置	（1）方法：讲授法、演示法、实训法 （2）重点：主减速器及差速器功用类型及总成更换操作 （3）难点：主减速器及差速器总成更换操作与技术要求	6
			2）主减速器及差速器总成的拆卸		
			3）主减速器及差速器总成的安装与检查		

续表

模块	课程	学习单元	课程内容	培训建议	课堂学时
3．检修底盘	3–1 检修传动系统	（5）更换自动变速器油和滤芯	1）自动变速器功用、类型及型号 2）自动变速器油、滤芯的类型、功用及型号 3）自动变速器油的更换 4）自动变速器滤芯的更换	（1）方法：讲授法、演示法、实训法 （2）重点与难点：自动变速器油和滤芯的更换步骤与注意事项	4
	3–2 检修行驶系统	（1）更换轮毂轴承	1）行驶系的功用、结构组成及工作原理 2）轮毂轴承的功用、型号、结构组成及安装位置 3）轮毂轴承的拆卸 4）轮毂轴承的安装及调整	（1）方法：讲授法、实物示教法、实训法 （2）重点：轮毂轴承的结构组成及拆装 （3）难点：轮毂轴承的拆装	4
		（2）四轮定位检查	1）车轮定位的类型、定位参数的含义、功用及失效影响 2）四轮定位仪操作规程 3）汽车四轮定位检查与调整	（1）方法：讲授法、演示法 （2）重点：车轮定位含义与四轮定位检查 （3）难点：汽车四轮定位检查	6
		（3）车轮动平衡检查	1）车轮的结构组成 2）车轮平衡的类型 3）车轮动平衡机操作规程 4）车轮的动平衡检查及调整	（1）方法：讲授法、演示法 （2）重点：车轮结构组成与车轮动平衡检查及调整 （3）难点：车轮动平衡检查与调整	4
		（4）更换轮胎	1）轮胎的结构组成及型号 2）拆胎机的操作规程 3）用拆胎机拆卸轮胎 4）用拆胎机安装轮胎	（1）方法：讲授法、演示法 （2）重点：轮胎的结构组成及用拆胎机拆装轮胎 （3）难点：用拆胎机拆装轮胎	4

续表

<table>
<tr><th>模块</th><th>课程</th><th>学习单元</th><th>课程内容</th><th>培训建议</th><th>课堂学时</th></tr>
<tr><td rowspan="15">3．检修底盘</td><td rowspan="7">3-3　检修转向系统</td><td rowspan="4">（1）更换转向器总成</td><td>1）转向系统的工作原理</td><td rowspan="4">（1）方法：讲授法、演示法
（2）重点：机械、液压及电动三类动力转向器总成的功用类型及总成拆装
（3）难点：机械、液压及电动三类动力转向器总成的拆装</td><td rowspan="4">6</td></tr>
<tr><td>2）机械、液压及电动转向器的功用、类型及组成</td></tr>
<tr><td>3）转向器总成的拆卸
①机械转向器的拆卸
②液压助力转向器的拆卸
③电动助力转向器的拆卸</td></tr>
<tr><td>4）机械、液压及电动转向器的安装与检查</td></tr>
<tr><td rowspan="3">（2）更换转向传动机构</td><td>1）转向传动机构的结构与组成</td><td rowspan="3">（1）方法：讲授法、演示法
（2）重点：转向传动机构结构组成及拆装检查
（3）难点：转向传动机构拆装与检查</td><td rowspan="3">4</td></tr>
<tr><td>2）转向传动机构的拆卸</td></tr>
<tr><td>3）转向传动机构安装与检查</td></tr>
<tr><td rowspan="8">3-4　检修制动系统</td><td rowspan="4">（1）更换制动主缸或制动控制阀</td><td>1）制动系统的工作原理</td><td rowspan="4">（1）方法：讲授法、演示法、实训法
（2）重点：制动主缸或制动控制阀的结构原理及拆装
（3）难点：制动主缸或制动控制阀总成的拆装</td><td rowspan="4">6</td></tr>
<tr><td>2）制动主缸或制动控制阀的结构原理</td></tr>
<tr><td>3）制动主缸或制动控制阀的拆卸</td></tr>
<tr><td>4）制动主缸或制动控制阀的安装与检查</td></tr>
<tr><td rowspan="4">（2）更换制动助力器总成</td><td>1）制动助力器总成的功用、结构组成及工作原理</td><td rowspan="4">（1）方法：讲授法、演示法
（2）重点：制动助力器总成的结构原理及拆装检查
（3）难点：制动助力器总成的拆装与检查</td><td rowspan="4">8</td></tr>
<tr><td>2）制动助力器总成的拆卸</td></tr>
<tr><td>3）制动助力器总成的安装与检查</td></tr>
<tr><td>4）制动助力器总成的检修技术要求</td></tr>
</table>

续表

模块	课程	学习单元	课程内容	培训建议	课堂学时
3．检修底盘	3-4 检修制动系统	(3) 检修制动器总成	1）鼓式制动器的检修 ①鼓式制动器的结构组成及原理 ②鼓式制动器的分解 ③鼓式制动器的检查 ④鼓式制动器的安装与调整	(1) 方法：讲授法、演示法、实训法 (2) 重点：盘式制动器与鼓式制动器的结构原理及拆装检查 (3) 难点：盘式制动器与鼓式制动器的拆卸、检查、安装及调试	4
			2）盘式制动器的检修 ①盘式制动器的结构组成及工作原理 ②盘式制动器的分解 ③盘式制动器的检查 ④盘式制动器的安装与调整		
		(4) 检修驻车制动装置	1）驻车制动装置的结构组成及工作原理	(1) 方法：讲授法、演示法、实训法 (2) 重点：驻车制动装置的结构原理及拆装检查 (3) 难点：驻车制动装置的拆装、检查及调整	4
			2）驻车制动装置的分解		
			3）驻车制动装置的检查		
			4）驻车制动装置的安装与调整		
4．检修汽车电器	4-1 检修蓄电池	(1) 检查蓄电池	1）蓄电池的结构及工作原理	(1) 方法：讲授法、演示法、实训法 (2) 重点：蓄电池技术状况检查 (3) 难点：蓄电池性能的判断	2
			2）蓄电池技术状况的检查		
			3）蓄电池电解液液面高度的检查		
			4）蓄电池性能的检查与判断		
		(2) 蓄电池充电	1）蓄电池充电及检查	(1) 方法：演示法、实训法 (2) 重点：蓄电池充电 (3) 难点：蓄电池充电检查	2
			2）蓄电池充电注意事项		
	4-2 检修起动机	(1) 检查判断起动机性能	1）起动系统的组成、作用及工作原理	(1) 方法：讲授法、演示法、实训法 (2) 重点：起动机就车性能的检查 (3) 难点：起动机就车性能的判断	2
			2）起动机就车性能的检查与判断		

续表

<table>
<tr><th>模块</th><th>课程</th><th>学习单元</th><th>课程内容</th><th>培训建议</th><th>课堂学时</th></tr>
<tr><td rowspan="15">4．检修汽车电器</td><td rowspan="6">4–2　检修起动机</td><td rowspan="4">（2）检修起动机总成</td><td>1）起动机组成及工作原理、各部件的功用及组成</td><td rowspan="4">（1）方法：讲授法、演示法、实训法
（2）重点：起动机总成的检修
（3）难点：起动机总成的检查</td><td rowspan="4">4</td></tr>
<tr><td>2）起动机总成分解</td></tr>
<tr><td>3）起动机各部件的检查</td></tr>
<tr><td>4）起动机总成的装配、检查</td></tr>
<tr><td rowspan="2">（3）检修起动机系统线路</td><td>1）起动机系统电路的识读</td><td rowspan="2">（1）方法：讲授法、演示法、实训法
（2）重点：起动机系统线路的检修
（3）难点：起动机系统线路的识读</td><td rowspan="2">2</td></tr>
<tr><td>2）起动机系统线路的检修</td></tr>
<tr><td rowspan="8">4–3　检修充电系统</td><td rowspan="2">（1）检查判断发电机性能</td><td>1）充电系统的组成、作用及工作原理</td><td rowspan="2">（1）方法：讲授法、演示法、实训法
（2）重点：发电机就车性能的检查
（3）难点：发电机就车性能的判断</td><td rowspan="2">2</td></tr>
<tr><td>2）发电机就车性能的检查与判断</td></tr>
<tr><td rowspan="4">（2）检修发电机总成</td><td>1）发电机组成及工作原理，发电机各部件的功用、组成</td><td rowspan="4">（1）方法：讲授法、演示法、实训法
（2）重点：发电机总成的检修
（3）难点：发电机总成的检查</td><td rowspan="4">4</td></tr>
<tr><td>2）发电机总成的分解</td></tr>
<tr><td>3）发电机各部件的检查</td></tr>
<tr><td>4）发电机总成的装配与检查</td></tr>
<tr><td rowspan="2">（3）检修充电系统线路</td><td>1）充电系统电路的识读</td><td rowspan="2">（1）方法：讲授法、演示法、实训法
（2）重点：起动机系统线路的检修
（3）难点：充电系统电路的识读</td><td rowspan="2">2</td></tr>
<tr><td>2）充电系统线路的检修</td></tr>
</table>

续表

模块	课程	学习单元	课程内容	培训建议	课堂学时
4．检修汽车电器	4-4 检修照明、信号及仪表系统	（1）检修照明系统线路及元件	1）照明系统的组成及原理 2）照明系统电路的识读 3）照明系统元件的检查 4）照明系统线路及元件的检修	（1）方法：讲授法、演示法、实训法 （2）重点与难点：检修照明系统线路	6
		（2）检修信号系统线路及元件	1）信号系统的组成及原理 2）信号系统电路的识读 3）信号系统元件的检查 4）信号系统线路及元件的检修	（1）方法：讲授法、演示法、实训法 （2）重点与难点：检修信号系统线路	6
		（3）检修仪表系统线路	1）仪表系统的组成及原理 2）仪表系统电路的识读 3）仪表系统元件的检查 4）仪表系统线路的检修	（1）方法：讲授法、演示法、实训法 （2）重点与难点：检修仪表系统线路	4
	4-5 检修辅助电器系统	（1）更换车窗电机及开关	1）辅助电器系统的组成与工作原理 2）车窗系统的组成及原理 3）车窗电机及开关的检查 4）车窗电机及开关的更换	（1）方法：讲授法、演示法、实训法 （2）重点与难点：车窗电机的更换	6
		（2）更换门锁电机及开关	1）门锁系统的组成及原理 2）门锁电机及开关的检查 3）门锁电机及开关的更换	（1）方法：讲授法、演示法、实训法 （2）重点与难点：门锁电机的更换	6

续表

模块	课程	学习单元	课程内容	培训建议	课堂学时
4．检修汽车电器	4-5　检修辅助电器系统	（3）更换电动后视镜及开关	1）电动后视镜的组成及原理 2）电动后视镜及开关的检查 3）电动后视镜及开关的更换	（1）方法：讲授法、演示法、实训法 （2）重点与难点：电动后视镜开关的更换	6
		（4）更换雨刷电机及开关	1）雨刷系统的组成及原理 2）雨刷电机及开关的检查 3）雨刷电机及开关的更换	（1）方法：讲授法、演示法、实训法 （2）重点与难点：雨刷开关的更换	6
		（5）更换音响娱乐系统	1）音响娱乐系统的组成及原理 2）音响娱乐系统主机及喇叭的检查 3）音响娱乐系统的更换	（1）方法：讲授法、演示法、实训法 （2）重点与难点：音响娱乐系统的更换	8
		（6）更换座椅电机及开关	1）座椅系统的组成及原理 2）座椅电机及开关的检查 3）座椅电机及开关的更换	（1）方法：讲授法、演示法、实训法 （2）重点与难点：座椅电机的更换	8
	4-6　检修空调制冷系统	（1）更换空调压缩机电磁离合器	1）空调系统的组成及工作原理 2）电磁离合器的组成及原理 3）空调压缩机电磁离合器的拆卸 4）空调压缩机电磁离合器的检查 5）空调压缩机电磁离合器的装配	（1）方法：讲授法、演示法、实训法 （2）重点与难点：空调压缩机电磁离合器的检修	8

续表

模块	课程	学习单元	课程内容	培训建议	课堂学时
4．检修汽车电器	4–6 检修空调制冷系统	（2）检修空调制冷循环系统	1）空调制冷循环系统的组成及原理	（1）方法：讲授法、演示法、实训法 （2）重点与难点：空调制冷循环系统加注补给作业	8
			2）空调制冷循环系统的检漏方法及维修措施		
			3）空调制冷循环系统的检漏		
			4）空调制冷循环系统的压力检查		
			5）空调制冷循环系统加注补给作业		
			6）空调压力表、冷媒加注回收机的操作规程		
		（3）更换制冷系统各组件	1）制冷系统各组件的作用及工作原理	（1）方法：讲授法、演示法、实训法 （2）重点与难点：制冷系统各组件的更换	8
			2）制冷系统各组件的检查		
			3）制冷系统各组件的更换		
	4–7 拆装空调取暖和通风系统	（1）更换热水阀	1）空调取暖和通风系统组成与工作原理	（1）方法：讲授法、演示法、实训法 （2）重点与难点：通风系统工作原理	2
			2）热水阀的拆卸		
			3）热水阀的安装		
		（2）更换鼓风机和通风装置	1）鼓风机的功用、原理及安装位置	（1）方法：讲授法、演示法、实训法 （2）重点与难点：鼓风机的更换	4
			2）鼓风机的拆卸与安装		
			3）通风装置的拆卸与安装		
5．电动汽车检修	5–1 电动汽车维护	（1）进行电动汽车定期维护	1）电动汽车一级维护作业项目	（1）方法：演示法、实训法 （2）重点与难点：电动汽车一级、二级维护作业规范	12
			2）电动汽车二级维护作业项目		

续表

模块	课程	学习单元	课程内容	培训建议	课堂学时
5．电动汽车检修	5-2　检修动力电池总成	（1）检查与更换动力电池箱	1）动力电池箱的外观检查	（1）方法：演示法、实训法 （2）重点与难点：动力电池箱的拆装	4
			2）动力电池箱的拆装		
	5-3　检修高压附件	（1）检查与更换高压附件	1）车载充电机的检查与更换	（1）方法：演示法、实训法 （2）重点与难点：各高压附件的检查与更换	8
			2）DC/DC 转换器的检查与更换		
			3）高压控制盒的检查与更换		
			4）高压线束的检查与更换		
			5）外部高压熔丝的检查与更换		
课堂学时合计					330

2.2.4　高级职业技能培训课程规范

模块	课程	学习单元	课程内容	培训建议	课堂学时
1．检修发动机	1-1　发动机大修	（1）进行发动机总成大修	1）发动机总成的吊装与分解	（1）方法：项目教学法、实训法 （2）重点与难点：发动机总成的吊装与分解	18
			2）发动机总成各部件的清洁与检查		
			3）发动机总成的组装与调整		
			4）发动机总成大修工艺规程及技术要求		
		（2）进行发动机竣工检验	1）发动机大修竣工的检验	（1）方法：项目教学法、实训法 （2）重点与难点：发动机大修竣工的检验	4
			2）发动机竣工检验标准及条件		

续表

模块	课程	学习单元	课程内容	培训建议	课堂学时
1．检修发动机	1-2 诊断排除发动机异响故障	(1) 诊断排除气门脚、挺柱异响	1）气门脚、挺柱异响的常见故障现象	(1) 方法：项目教学法、实训法 (2) 重点与难点：气门脚、挺柱异响的诊断分析及排除	4
			2）气门脚、挺柱异响故障诊断方法		
			3）气门脚、挺柱异响故障诊断排除 ①故障现象确认 ②故障原因分析 ③故障诊断流程确认 ④故障诊断排除作业		
		(2) 诊断排除连杆轴承、曲轴轴承异响	1）连杆轴承、曲轴轴承异响的故障现象	(1) 方法：项目教学法、实训法 (2) 重点与难点：连杆轴承、曲轴轴承异响故障的诊断分析及排除	4
			2）连杆轴承、曲轴轴承异响故障诊断方法		
			3）连杆轴承、曲轴轴承异响故障诊断排除 ①故障现象确认 ②故障原因分析 ③故障诊断流程确认 ④故障诊断排除作业		
		(3) 诊断排除活塞敲缸、活塞销敲击异响	1）活塞敲缸、活塞销异响的故障现象	(1) 方法：项目教学法、实训法 (2) 重点与难点：活塞敲缸、活塞销异响故障的诊断分析及排除	4
			2）活塞敲缸、活塞销异响故障诊断方法		
			3）活塞敲缸、活塞销异响故障诊断排除 ①故障现象确认 ②故障原因分析 ③故障诊断流程确认 ④故障诊断排除作业		
	1-3 诊断排除发动机控制系统故障	(1) 诊断排除燃油压力不足故障	1）燃油压力不足的故障现象	(1) 方法：项目教学法、实训法 (2) 重点与难点：燃油压力不足故障的诊断分析及排除	6
			2）燃油压力不足故障诊断方法		
			3）燃油压力不足故障诊断排除 ①故障现象确认 ②故障原因分析 ③故障诊断流程确认 ④故障诊断排除作业		

续表

<table>
<tr><th>模块</th><th>课程</th><th>学习单元</th><th>课程内容</th><th>培训建议</th><th>课堂学时</th></tr>
<tr><td rowspan="12">1．检修发动机</td><td rowspan="12">1–3　诊断排除发动机控制系统故障</td><td rowspan="3">（2）诊断排除发动机怠速不稳故障</td><td>1）发动机怠速不稳的故障现象</td><td rowspan="3">（1）方法：项目教学法、实训法
（2）重点与难点：发动机怠速不稳故障的诊断分析及排除</td><td rowspan="3">4</td></tr>
<tr><td>2）发动机怠速不稳故障诊断方法</td></tr>
<tr><td>3）发动机怠速不稳故障诊断排除
①故障现象确认
②故障原因分析
③故障诊断流程确认
④故障诊断排除作业</td></tr>
<tr><td rowspan="3">（3）诊断排除发动机加速不良故障</td><td>1）发动机加速不良的故障现象</td><td rowspan="3">（1）方法：项目教学法、实训法
（2）重点与难点：发动机加速不良故障的诊断分析及排除</td><td rowspan="3">4</td></tr>
<tr><td>2）发动机加速不良故障诊断方法</td></tr>
<tr><td>3）发动机加速不良故障诊断排除
①故障现象确认
②故障原因分析
③故障诊断流程确认
④故障诊断排除作业</td></tr>
<tr><td rowspan="3">（4）诊断排除发动机易熄火故障</td><td>1）发动机易熄火的故障现象</td><td rowspan="3">（1）方法：项目教学法、实训法
（2）重点与难点：发动机易熄火故障的诊断分析及排除</td><td rowspan="3">4</td></tr>
<tr><td>2）发动机易熄火故障诊断方法</td></tr>
<tr><td>3）发动机易熄火故障诊断排除
①故障现象确认
②故障原因分析
③故障诊断流程确认
④故障诊断排除作业</td></tr>
<tr><td rowspan="3">（5）诊断排除发动机起动困难故障</td><td>1）发动机起动困难的故障现象</td><td rowspan="3">（1）方法：项目教学法、实训法
（2）重点与难点：发动机起动困难故障的诊断分析及排除</td><td rowspan="3">6</td></tr>
<tr><td>2）发动机起动困难故障诊断方法</td></tr>
<tr><td>3）发动机起动困难故障诊断排除
①故障现象确认
②故障原因分析
③故障诊断流程确认
④故障诊断排除作业</td></tr>
</table>

续表

<table>
<tr><th>模块</th><th>课程</th><th>学习单元</th><th>课程内容</th><th>培训建议</th><th>课堂学时</th></tr>
<tr><td rowspan="10">1．检修发动机</td><td rowspan="9">1–4　诊断排除进、排气系统故障</td><td rowspan="3">（1）诊断排除进气系统故障</td><td>1）进气系统故障现象</td><td rowspan="3">（1）方法：项目教学法、实训法
（2）重点与难点：进气系统故障的诊断分析及排除</td><td rowspan="3">4</td></tr>
<tr><td>2）进气系统故障的诊断方法</td></tr>
<tr><td>3）进气系统故障诊断排除
①故障现象确认
②故障原因分析
③故障诊断流程确认
④故障诊断排除作业</td></tr>
<tr><td rowspan="3">（2）诊断排除发动机增压系统故障</td><td>1）增压系统故障现象</td><td rowspan="3">（1）方法：项目教学法、实训法
（2）重点与难点：增压系统故障的诊断分析及排除</td><td rowspan="3">4</td></tr>
<tr><td>2）增压系统故障的诊断方法</td></tr>
<tr><td>3）增压系统故障诊断排除
①故障现象确认
②故障原因分析
③故障诊断流程确认
④故障诊断排除作业</td></tr>
<tr><td rowspan="3">（3）使用尾气分析仪、烟度计诊断故障</td><td>1）排气系统故障现象</td><td rowspan="3">（1）方法：项目教学法、实训法
（2）重点与难点：使用尾气分析仪或烟度计诊断故障</td><td rowspan="3">4</td></tr>
<tr><td>2）排气系统故障的诊断方法</td></tr>
<tr><td>3）使用尾气分析仪或烟度计诊断故障
①故障现象确认
②故障原因分析
③故障诊断流程确认
④故障诊断排除作业</td></tr>
<tr><td>1–5　诊断排除润滑和冷却系统故障</td><td>（1）诊断排除润滑系统故障</td><td>1）润滑系统报警故障
①确认故障现象
②分析故障原因
③故障诊断与排除
2）机油消耗过大故障
①确认故障现象
②分析故障原因
③故障诊断与排除</td><td>（1）方法：项目教学法、实训法
（2）重点与难点：润滑系统故障的诊断分析及排除</td><td>4</td></tr>
</table>

续表

模块	课程	学习单元	课程内容	培训建议	课堂学时
1．检修发动机	1–5　诊断排除润滑和冷却系统故障	（2）冷却系统故障诊断方法	1）冷却系统故障现象	（1）方法：项目教学法、实训法 （2）重点与难点：冷却系统故障的诊断分析及排除	4
			2）冷却系统故障的诊断方法		
			3）冷却系统故障诊断排除 ①故障现象确认 ②故障原因分析 ③故障诊断流程确认 ④故障诊断排除作业		
2．检修底盘	2–1　检修底盘总成	（1）检修离合器总成	1）离合器的结构和工作原理	（1）方法：项目教学法、实训法 （2）重点与难点：离合器总成的分解、检查、组装与调整	4
			2）离合器总成的分解、检验		
			3）离合器总成的组装与调整		
		（2）检修手动变速器总成	1）手动变速器的结构与工作原理	（1）方法：项目教学法、实训法 （2）重点与难点：手动变速器总成的分解、清洗、检查、组装与调整	6
			2）手动变速器的分解		
			3）手动变速器各部件的清洁、检查及技术状况判定		
			4）手动变速器的装配与调整		
		（3）检修万向传动装置	1）万向传动装置的组成及工作原理	（1）方法：讲授法、项目教学法、实训法 （2）重点与难点：万向传动装置的分解、清洗、检查、装配与调整	4
			2）万向传动装置的分解		
			3）万向传动装置各部件清洗及检查		
			4）万向传动装置的装配与调整		

续表

模块	课程	学习单元	课程内容	培训建议	课堂学时
2．检修底盘	2-1　检修底盘总成	（4）检修主减速器和差速器总成	1）主减速器和差速器总成的结构与工作原理	（1）方法：讲授法、项目教学法、实训法 （2）重点与难点：主减速器和差速器总成的分解、清洗、检查、装配与调整	6
			2）主减速器和差速器总成分解		
			3）主减速器和差速器各部件的清洗及检查		
			4）主减速器和差速器总成的装配与调整		
		（5）检修转向器总成	1）机械、液压及电动三类转向器的工作原理	（1）方法：讲授法、项目教学法、实训法 （2）重点与难点：机械、液压及电动转向器总成的分解、清洗、检查、装配与调整	8
			2）机械转向器总成的检查、拆装与调整		
			3）液压助力转向器总成的检查、拆装与调整		
			4）电动助力转向器总成的检查、拆装与调整		
	2-2　诊断排除传动系统故障	（1）诊断排除离合器故障	1）离合器的常见故障现象	（1）方法：项目教学法、实训法 （2）重点与难点：离合器故障的诊断分析及排除	4
			2）离合器故障诊断方法		
			3）离合器故障诊断排除 ①离合器故障现象确认 ②离合器故障原因分析 ③离合器故障诊断流程确认 ④离合器故障诊断排除作业		
		（2）诊断排除手动变速器故障	1）手动变速器的常见故障现象	（1）方法：项目教学法、实训法 （2）重点与难点：手动变速器故障的诊断分析及排除	6
			2）手动变速器故障诊断方法		
			3）手动变速器故障诊断排除 ①手动变速器故障现象确认 ②手动变速器故障原因分析 ③手动变速器故障诊断流程确认 ④手动变速器故障诊断排除作业		

续表

模块	课程	学习单元	课程内容	培训建议	课堂学时
2．检修底盘	2-2　诊断排除传动系统故障	（3）检查自动变速器性能	1）自动变速器性能检查项目	（1）方法：项目教学法、实训法 （2）重点与难点：自动变速器性能检查的方法和步骤	8
			2）自动变速器性能检查 ①自动变速器油压试验 ②自动变速器手动换挡试验 ③自动变速失速试验 ④自动变速器时滞试验 ⑤自动变速器道路试验		
		（4）诊断排除万向传动装置故障	1）万向传动装置的常见故障现象	（1）方法：项目教学法、实训法 （2）重点与难点：万向传动装置故障的原因分析、诊断检查结果分析及故障排除	6
			2）万向传动装置故障诊断排除 ①万向传动装置故障现象确认 ②万向传动装置故障原因分析 ③万向传动装置故障诊断方案编制 ④万向传动装置故障诊断排除作业		
		（5）诊断排除驱动桥故障	1）驱动桥的常见故障现象	（1）方法：项目教学法、实训法 （2）重点与难点：驱动桥故障的原因分析、诊断检查结果分析及故障排除	8
			2）驱动桥故障诊断排除 ①驱动桥故障现象确认 ②驱动桥故障原因分析 ③驱动桥故障诊断方案编制 ④驱动桥故障诊断排除作业		
	2-3　诊断排除行驶系统故障	（1）诊断排除行驶异响故障	1）行驶异响故障的诊断方法	（1）方法：项目教学法、实训法 （2）重点与难点：行驶异响故障的原因分析、诊断检查及排除	4

续表

模块	课程	学习单元	课程内容	培训建议	课堂学时
2．检修底盘	2-3　诊断排除行驶系统故障	（1）诊断排除行驶异响故障	2）行驶异响故障诊断排除 ①行驶异响故障现象确认 ②行驶异响故障原因分析 ③行驶异响故障诊断流程确认 ④行驶异响故障诊断排除作业		
		（2）诊断排除行驶跑偏故障	1）行驶跑偏故障诊断方法	（1）方法：项目教学法、实训法 （2）重点与难点：行驶跑偏故障的原因分析、诊断检查及排除	4
			2）行驶跑偏故障诊断排除 ①行驶跑偏故障现象确认 ②行驶跑偏故障原因分析 ③行驶跑偏故障诊断流程确认 ④行驶跑偏故障诊断排除作业		
		（3）诊断排除悬架故障	1）悬架的常见故障现象	（1）方法：项目教学法、实训法 （2）重点与难点：悬架故障的原因分析、诊断检查及排除	8
			2）悬架故障诊断方法		
			3）悬架故障诊断排除 ①悬架故障现象确认 ②悬架故障原因分析 ③悬架故障诊断流程确认 ④悬架故障诊断排除作业		
	2-4　诊断排除转向系统故障	（1）诊断排除机械转向系统故障	1）机械转向系统常见故障现象与诊断方法	（1）方法：项目教学法、实训法 （2）重点与难点：机械转向系统故障的原因分析、诊断检查及排除	6
			2）机械转向系统工作原理		

续表

模块	课程	学习单元	课程内容	培训建议	课堂学时
2．检修底盘	2–4 诊断排除转向系统故障	（1）诊断排除机械转向系统故障	3）机械转向系统故障诊断排除 ①机械转向系统故障现象确认 ②机械转向系统故障原因分析 ③机械转向系统故障诊断流程确认 ④机械转向系统故障诊断排除作业		
		（2）诊断排除液压助力转向系统故障	1）液压助力转向系统常见故障现象与诊断方法	（1）方法：项目教学法、实训法 （2）重点与难点：液压助力转向系统故障的原因分析、诊断检查及排除	6
			2）液压助力转向系统工作原理		
			3）液压助力转向系统故障诊断排除 ①液压助力转向系统故障现象确认 ②液压助力转向系统故障原因分析 ③液压助力转向系统故障诊断流程确认 ④液压助力转向系统故障诊断排除作业		
		（3）诊断排除电动助力转向系统故障	1）电动助力转向系统常见故障现象与诊断方法	（1）方法：项目教学法、实训法 （2）重点与难点：电动助力转向系统故障的原因分析、诊断检查及排除	6
			2）电动助力转向系统工作原理		
			3）电动助力转向系统故障诊断排除 ①电动助力转向系统故障现象确认 ②电动助力转向系统故障原因分析 ③电动助力转向系统故障诊断流程确认 ④电动助力转向系统故障诊断排除作业		

续表

模块	课程	学习单元	课程内容	培训建议	课堂学时
2．检修底盘	2–5 诊断排除制动系统故障	（1）诊断排除制动跑偏故障	1）制动跑偏故障诊断方法	（1）方法：项目教学法、实训法 （2）重点与难点：制动跑偏故障的原因分析、诊断检查及排除	4
			2）制动跑偏故障诊断排除 ①制动跑偏故障现象确认 ②制动跑偏故障原因分析 ③制动跑偏故障诊断流程确认 ④制动跑偏故障诊断排除作业		
		（2）诊断排除常规制动系统故障	1）常规制动系统故障现象与诊断方法	（1）方法：项目教学法、实训法 （2）重点与难点：常规制动系统故障的原因分析、诊断检查及排除	8
			2）常规制动系统工作原理		
			3）常规制动系统故障诊断排除 ①常规制动系统故障现象确认 ②常规制动系统故障原因分析 ③常规制动系统故障诊断流程确认 ④常规制动系统故障诊断排除作业		
		（3）诊断排除制动防抱死系统故障	1）制动防抱死系统功用、类型、结构组成及工作原理	（1）方法：项目教学法、实训法 （2）重点与难点：制动防抱死系统故障的原因分析、诊断检查及排除	8
			2）制动防抱死系统常见故障现象与诊断方法		
			3）制动防抱死系统故障诊断排除 ①制动防抱死系统故障现象确认 ②制动防抱死系统故障原因分析 ③制动防抱死系统故障诊断流程确认 ④制动防抱死系统故障诊断排除作业		

续表

模块	课程	学习单元	课程内容	培训建议	课堂学时
3．检修汽车电器	3–1 诊断排除电源及起动系统故障	（1）检修发电机故障	1）发电机故障原因分析及诊断方法 2）发电机故障的诊断	（1）方法：讲授法、演示法、实训法 （2）重点与难点：发电机总成的拆装	4
		（2）诊断排除电源系统故障	1）电源系统故障诊断方法 2）电源系统故障诊断排除 ①故障现象确认 ②故障原因分析 ③故障诊断流程的确认 ④故障诊断排除作业	（1）方法：讲授法、演示法、实训法 （2）重点与难点：电源系统故障诊断排除	6
		（3）检修起动机故障	1）起动机故障原因分析及诊断方法 2）起动机故障的诊断	（1）方法：讲授法、演示法、实训法 （2）重点与难点：起动机总成的拆装	6
		（4）诊断排除起动系统故障	1）起动系统故障诊断方法 2）起动系统故障诊断排除 ①故障现象确认 ②故障原因分析 ③故障诊断流程的确认 ④故障诊断排除作业	（1）方法：讲授法、演示法、实训法 （2）重点与难点：起动系统故障诊断排除	6
	3–2 诊断排除照明、信号及仪表故障	（1）诊断排除照明系统电路故障	1）照明系统故障诊断方法 2）照明系统电路故障诊断排除 ①故障现象确认 ②故障原因分析 ③故障诊断流程的确认 ④故障诊断排除作业	（1）方法：讲授法、演示法、实训法 （2）重点与难点：照明系统电路的故障诊断排除	6

续表

模块	课程	学习单元	课程内容	培训建议	课堂学时
3．检修汽车电器	3-2 诊断排除照明、信号及仪表故障	(2) 诊断排除信号系统电路故障	1）信号系统故障诊断方法	(1) 方法：讲授法、演示法、实训法 (2) 重点与难点：信号系统电路的故障诊断排除	4
			2）信号系统电路故障诊断排除 ①故障现象确认 ②故障原因分析 ③故障诊断流程的确认 ④故障诊断排除作业		
		(3) 诊断排除仪表系统电路故障	1）仪表系统故障诊断方法	(1) 方法：讲授法、演示法、实训法 (2) 重点与难点：仪表系统电路的故障诊断排除	4
			2）仪表系统电路故障诊断排除 ①故障现象确认 ②故障原因分析 ③故障诊断流程的确认 ④故障诊断排除作业		
	3-3 诊断排除辅助电器系统故障	(1) 诊断排除音响娱乐系统常见故障	1）音响娱乐系统故障诊断方法	(1) 方法：讲授法、演示法、实训法 (2) 重点与难点：音响娱乐系统常见故障诊断排除	6
			2）音响娱乐系统电路识读与分析		
			3）音响娱乐系统常见故障诊断排除 ①故障现象确认 ②故障原因分析 ③故障诊断流程的确认 ④故障诊断排除作业		
		(2) 诊断排除电动座椅系统故障	1）电动座椅系统故障诊断方法	(1) 方法：讲授法、演示法、实训法 (2) 重点与难点：电动座椅系统故障诊断排除	6
			2）电动座椅系统电路识读与分析		
			3）电动座椅系统故障诊断排除 ①故障现象确认 ②故障原因分析 ③故障诊断流程的确认 ④故障诊断排除作业		

续表

模块	课程	学习单元	课程内容	培训建议	课堂学时
3．检修汽车电器	3–3 诊断排除辅助电器系统故障	(3) 诊断排除巡航系统故障	1）巡航系统的组成及原理	(1) 方法：讲授法、演示法、实训法 (2) 重点与难点：巡航系统故障诊断排除	6
			2）巡航系统电路识读与分析		
			3）巡航系统故障诊断方法		
			4）巡航系统元件检查及更换		
			5）巡航系统故障诊断排除 ①故障现象确认 ②故障原因分析 ③故障诊断流程的确认 ④故障诊断排除作业		
		(4) 诊断排除电动后视镜系统故障	1）电动后视镜系统故障诊断方法	(1) 方法：讲授法、演示法、实训法 (2) 重点与难点：电动后视镜系统故障诊断排除	4
			2）电动后视镜系统电路识读与分析		
			3）电动后视镜系统故障诊断排除 ①故障现象确认 ②故障原因分析 ③故障诊断流程的确认 ④故障诊断排除作业		
		(5) 诊断排除中控门锁系统故障	1）中控门锁系统故障诊断方法	(1) 方法：讲授法、演示法、实训法 (2) 重点与难点：中控门锁系统故障诊断排除	6
			2）中控门锁系统电路识读与分析		
			3）中控门锁系统故障诊断排除 ①故障现象确认 ②故障原因分析 ③故障诊断流程的确认 ④故障诊断排除作业		

续表

模块	课程	学习单元	课程内容	培训建议	课堂学时
3．检修汽车电器	3–3 诊断排除辅助电器系统故障	（6）诊断排除雨刷系统故障	1）雨刷系统故障诊断方法	（1）方法：讲授法、演示法、实训法 （2）重点与难点：雨刷系统故障诊断排除	6
			2）雨刷系统电路识读与分析		
			3）雨刷系统故障诊断排除 ①故障现象确认 ②故障原因分析 ③故障诊断流程的确认 ④故障诊断排除作业		
		（7）诊断排除电动车窗系统故障	1）电动车窗系统故障诊断方法	（1）方法：讲授法、演示法、实训法 （2）重点与难点：电动车窗系统故障诊断排除	6
			2）电动车窗系统电路识读与分析		
			3）电动车窗系统故障诊断排除 ①故障现象确认 ②故障原因分析 ③故障诊断流程的确认 ④故障诊断排除作业		
		（8）诊断排除防盗系统故障	1）防盗系统的组成及原理	（1）方法：讲授法、演示法、实训法 （2）重点与难点：防盗系统故障诊断排除	8
			2）防盗系统电路识读与分析		
			3）防盗系统故障诊断方法		
			4）防盗系统各元件的检查更换		
			5）防盗系统故障诊断排除 ①故障现象确认 ②故障原因分析 ③故障诊断流程的确认 ④故障诊断排除作业		

续表

模块	课程	学习单元	课程内容	培训建议	课堂学时
3．检修汽车电器	3-3　诊断排除辅助电器系统故障	(9) 诊断排除安全气囊系统故障	1）安全气囊系统的组成及原理	(1) 方法：讲授法、演示法、实训法 (2) 重点与难点：安全气囊系统故障诊断排除	8
			2）安全气囊系统电路识读与分析		
			3）安全气囊系统各部件的功用、原理		
			4）安全气囊系统各部件的检查更换		
			5）安全气囊系统故障诊断方法及注意事项		
			6）安全气囊系统故障诊断排除 ①故障现象确认 ②故障原因分析 ③故障诊断流程的确认 ④故障诊断排除作业		
	3-4　诊断排除空调系统故障	(1) 诊断排除空调制冷循环系统故障	1）空调制冷循环系统故障检测方法	(1) 方法：讲授法、演示法、实训法 (2) 重点与难点：空调制冷循环系统故障诊断排除	8
			2）空调制冷循环系统故障诊断排除 ①故障现象确认 ②故障原因分析 ③故障诊断流程的确认 ④故障诊断排除作业		
		(2) 诊断排除手动空调系统电路故障	1）手动空调控制系统的组成及原理	(1) 方法：讲授法、演示法、实训法 (2) 重点与难点：手动空调系统电路故障诊断排除	10
			2）手动空调电气元器件的功用、组成、原理		
			3）手动空调控制电路识读与分析		
			4）手动空调电气元器件检查更换		
			5）手动空调系统电路故障诊断方法		

续表

模块	课程	学习单元	课程内容	培训建议	课堂学时
3．检修汽车电器	3–4 诊断排除空调系统故障	（2）诊断排除手动空调系统电路故障	6）手动空调系统电路故障诊断排除 ①故障现象确认 ②故障原因分析 ③故障诊断流程的确认 ④故障诊断排除作业		
		（3）诊断排除自动空调系统电路故障	1）自动空调控制系统的组成及原理	（1）方法：讲授法、演示法、实训法 （2）重点与难点：自动空调系统电路故障诊断排除	10
			2）自动空调系统元件的功用、组成、原理		
			3）自动空调控制电路识读与分析		
			4）自动空调系统电路故障诊断方法		
			5）自动空调系统元件的检查更换		
			6）自动空调系统电路故障诊断排除 ①故障现象确认 ②故障原因分析 ③故障诊断流程的确认 ④故障诊断排除作业		
		（4）诊断排除空调取暖和通风系统故障	1）空调取暖和通风系统故障诊断方法	（1）方法：讲授法、演示法、实训法 （2）重点与难点：空调取暖和通风系统故障诊断排除	6
			2）空调取暖和通风系统各元件的功用、原理		
			3）鼓风机控制电路的识读及分析		
			4）空调取暖和通风系统故障诊断排除 ①故障现象确认 ②故障原因分析 ③故障诊断流程的确认 ④故障诊断作业		

续表

模块	课程	学习单元	课程内容	培训建议	课堂学时
3．检修汽车电器	3–5　检修电动汽车高压系统故障	（1）诊断高压绝缘阻抗故障	1）电动机、DC/DC、AC/DC 转换器故障检修	（1）方法：讲授法、演示法、实训法 （2）重点与难点：高压阻抗的检查	12
			2）空调暖风加热器及压缩机阻抗故障检修		
			3）高压控制盒阻抗故障检修		
			4）电动机控制器阻抗故障检修		
			5）高压线束阻抗故障检修		
学时合计					330

2.2.5　技师职业技能培训课程规范

模块	课程	学习单元	课程内容	培训建议	课堂学时
1．汽车综合故障诊断	1–1　发动机综合故障诊断	（1）发动机燃料消耗过高综合故障分析、诊断与排除	1）发动机综合分析仪的使用和相关数据的分析	（1）方法：项目教学法、实训法 （2）重点与难点：发动机燃料消耗过高故障分析、诊断与排除	6
			2）发动机燃料消耗过高的机理分析		
			3）发动机燃料消耗过高的相关部件测试数据综合分析		
			4）发动机数据流分析		
			5）发动机燃料消耗过高综合故障诊断		
		（2）车载诊断系统故障分析、诊断与排除	1）车载诊断系统的工作原理	（1）方法：项目教学法、实训法 （2）重点与难点：OBD– Ⅱ车载诊断系统故障排除	4
			2）车载诊断系统报警的处理方法与程序		
			3）车载诊断系统故障排除		

续表

模块	课程	学习单元	课程内容	培训建议	课堂学时
1．汽车综合故障诊断	1-1 发动机综合故障诊断	（3）发动机功率不足故障分析、诊断与排除	1）发动机燃油系统综合故障分析 ①供油正时故障分析 ②燃油压力数据分析 ③燃油品质分析	（1）方法：项目教学法、实训法 （2）重点与难点：发动机功率不足综合故障诊断与排除	6
			2）发动机点火系统综合故障分析 ①火花塞适配性分析 ②点火强度分析		
			3）发动机尾气排放系统数据分析 ①尾气分析仪的使用 ②尾气排放数据分析		
			4）发动机机械性能综合检查 ①压缩压力故障分析 ②发动机功率测试数据分析 ③发动机综合分析仪的使用		
			5）发动机功率不足综合故障诊断		
	1-2 底盘综合故障诊断	（1）自动变速器综合故障分析、诊断与排除	1）自动变速器机械和液压系统工作原理	（1）方法：项目教学法、实训法 （2）重点与难点：自动变速器综合故障分析、诊断与排除	6
			2）行星齿轮变速机构工作原理		
			3）自动变速器控制策略		
			4）自动变速器的五大典型试验测试数据综合分析		
			5）自动变速器系统数据流综合分析		
			6）自动变速器综合故障诊断		

续表

模块	课程	学习单元	课程内容	培训建议	课堂学时
1．汽车综合故障诊断	1-2　底盘综合故障诊断	（2）传动和行驶系统综合故障分析、诊断与排除	1）电控悬架的诊断数据分析 2）四轮定位实验测试数据综合分析 3）轮胎动平衡实验测试数据综合分析 4）传动和行驶系统综合故障诊断与排除	（1）方法：项目教学法、实训法 （2）重点与难点：传动和行驶系统综合故障诊断与排除	6
		（3）转向和制动系统综合故障分析、诊断与排除	1）转向系统综合故障分析 2）电动转向初始化设置 3）制动防抱死系统（ABS）数据分析 4）制动防抱死系统（ABS）电路分析 5）转向和制动系统综合故障诊断与排除	（1）方法：项目教学法、实训法 （2）重点与难点：转向与制动系统综合故障诊断与排除	6
	1-3　电气系统综合故障诊断	（1）音响娱乐和车载影像系统综合故障分析、诊断与排除	1）音响娱乐和车载影像系统的新技术综合故障的产生机理分析（包括导航、远程信息处理技术、紧急呼叫、USB、蓝牙、SD卡、HDMI、3D成像技术等） 2）音响娱乐和车载影像系统与电源管理IC、保护器件、信号调理IC、显示驱动IC、信号处理IC的工作关系原理 3）音响娱乐和车载影像系统的电路分析 4）音响娱乐和车载影像系统综合故障分析方法	（1）方法：项目教学法、实训法 （2）重点与难点：音响娱乐和车载影像系统新技术的综合故障分析、诊断与排除	6

续表

模块	课程	学习单元	课程内容	培训建议	课堂学时
1．汽车综合故障诊断	1-3 电气系统综合故障诊断	（2）空调系统综合故障诊断与排除	1）空调系统的故障信息读取	（1）方法：项目教学法、实训法 （2）重点与难点：空调系统综合故障诊断与排除	6
			2）空调系统的数据分析		
			3）空调系统电路分析		
			4）空调系统综合故障排除方法		
		（3）车载网络控制系统综合故障诊断与排除	1）车载网络控制系统结构组成	（1）方法：项目教学法、实训法 （2）重点与难点：数据传输系统间部件的关联关系及系统的电路分析	6
			2）CAN 数据传输系统的组成与工作原理（舒适性控制 CAN、动力 CAN 数据总线、车载网络控制系统、网关）		
			3）车载网络控制系统的电路分析		
			4）车载网络控制系统综合故障排除		
		（4）车辆电源管理系统综合故障诊断与排除	1）电源管理系统的功能	（1）方法：项目教学法、实训法 （2）重点与难点：电源管理系统综合故障分析	6
			2）电源管理系统的电路分析		
			3）电源传感器及其工作原理		
			4）电源管理系统综合故障分析及排除		
	1-4 电动汽车故障诊断	（1）车载充电系统无法充电故障诊断	1）车载充电系统无法充电故障原因分析	（1）方法：案例教学法 （2）重点：车载充电系统无法充电故障原因分析 （3）难点：车载充电系统无法充电故障排除	6
			2）车载充电系统无法充电故障诊断工艺编制		
			3）车载充电系统无法充电故障排除		

续表

模块	课程	学习单元	课程内容	培训建议	课堂学时
1. 汽车综合故障诊断	1–4 电动汽车故障诊断	(2) 空调加热系统无暖风故障诊断	1）空调加热系统无暖风故障原因分析	(1) 方法：案例教学法 (2) 重点：空调加热系统无暖风故障原因分析 (3) 难点：空调加热系统无暖风故障排除	6
			2）空调加热系统无暖风故障诊断工艺编制		
			3）空调加热系统无暖风故障排除		
2. 汽车大修竣工检验	2–1 路试检验	(1) 发动机动力性能的路试	1）动力性能的路试设备准备	(1) 方法：讲授法、观摩法 (2) 重点与难点：动力性能的路试检验技术规范	4
			2）动力性能的路试检验		
		(2) 发动机经济性能的路试	1）经济性能的路试设备准备	(1) 方法：讲授法、观摩法 (2) 重点与难点：经济性能的路试技术规范	4
			2）经济性能的路试检验		
		(3) 车辆转向性能的路试	1）转向性能的路试设备准备	(1) 方法：讲授法、观摩法 (2) 重点与难点：转向性能的路试技术规范	4
			2）转向性能的路试检验		
		(4) 车辆制动性能的路试	1）制动性能的路试设备准备	(1) 方法：讲授法、观摩法 (2) 重点与难点：制动性能的路试技术规范	4
			2）制动性能的路试检验		
		(5) 车辆滑行性能的路试	1）滑行性能的路试设备准备	(1) 方法：讲授法、观摩法 (2) 重点与难点：滑行性能的路试技术规范	4
			2）滑行性能的路试检验		
	2–2 台架检验	(1) 发动机综合性能检测	1）发动机综合分析仪的使用	(1) 方法：讲授法、观摩法 (2) 重点与难点：发动机综合分析仪的数据比对	4
			2）发动机综合性能检测		

续表

模块	课程	学习单元	课程内容	培训建议	课堂学时
2．汽车大修竣工检验	2-2　台架检验	（2）发动机无负荷功率检测	1）底盘测功机的使用 2）发动机无负荷功率检测	（1）方法：讲授法、观摩法 （2）重点与难点：发动机无负荷实验的技术规范	4
		（3）车辆喇叭声级和车辆噪声检测	1）车辆声级计的使用 2）车辆喇叭声级和车辆噪声检测	（1）方法：讲授法、观摩法 （2）重点与难点：车辆喇叭声级和车辆噪声检测技术规范	4
		（4）车辆前照灯性能检测	1）前照灯性能检测仪的使用 2）前照灯性能检测	（1）方法：讲授法、观摩法 （2）重点与难点：前照灯性能检测的技术规范	4
		（5）车辆制动性能检测	1）车辆制动性能检测平台的使用 2）车辆制动性能检测	（1）方法：讲授法、观摩法 （2）重点与难点：车辆制动性能检测的技术数据采集	4
		（6）车辆排放性能检测	1）废气分析仪、烟度计的使用 2）尾气排放检测	（1）方法：讲授法、观摩法 （2）重点与难点：尾气排放技术的标定	4
3．技术管理与指导培训	3-1　技术管理	（1）汽车维修方案的制定及实施	1）特定车型技术收集和整理分析 2）典型故障综合诊断排除	（1）方法：讲授法、讨论法 （2）重点与难点：汽车维修方案的制定	6
		（2）汽车故障分析报告和技术论文的撰写	1）汽车维修质量管理体系的建立 2）汽车维修技术论文格式的学习	（1）方法：讲授法、讨论法 （2）重点与难点：建立汽车维修质量管理体系	6

续表

模块	课程	学习单元	课程内容	培训建议	课堂学时
3．技术管理与指导培训	3-1　技术管理	(3) 车辆维修质量的技术评定	1）汽车维修程序及工艺的优化 2）汽车维修企业技术开发、技术改造、技术革新方案制定	(1) 方法：讲授法、讨论法 (2) 重点与难点：车辆维修质量技术的评定	6
		(4) 汽车新技术、新工艺、新设备、新材料等相关知识的培训	1）汽车维修新技术培训 2）汽车技术改革研讨会的组织	(1) 方法：讲授法、讨论法 (2) 重点与难点：汽车技术改革研讨会的组织	6
	3-2　指导培训	(1) 低级别人员维修作业的技术辅导	1）维修设备的准备及人员的组织 2）培训课件的制作 3）根据企业实际情况编制人员培训计划	(1) 方法：讲授法、讨论法 (2) 重点与难点：编写维修经验	6
		(2) 技术人员技能培训	(1) 维修视频录制 (2) 培训教案编写 (3) 根据企业实际情况编制人员培训和考核计划 (4) 各类人员技术培训和考核组织实施	(1) 方法：讲授法、讨论法、案例教学法 (2) 重点与难点：人员技术培训和考核组织实施	6
课堂学时合计					150

2.2.6　高级技师职业技能培训课程规范

模块	课程	学习单元	课程内容	培训建议	课堂学时
1．汽车复合故障诊断	1-1　发动机机电复合故障诊断	(1) 诊断分析发动机机电复合故障	1）发动机管理系统数据分析（典型综合案例举例分析） 2）发动机执行器、传感器工作波形分析（典型综合案例举例分析）	(1) 方法：讲授法、讨论法、实训（练习）法、演示法、案例教学法、项目教学法、实物示教法	20

续表

模块	课程	学习单元	课程内容	培训建议	课堂学时
1. 汽车故障诊断	1-1 发动机机电复合故障诊断	(1) 诊断分析发动机机电复合故障	3) 串行数据(驱动CAN)在各控制单元交叉影响的故障诊断(典型综合案例举例分析)	(2) 重点:发动机管理系统控制机理、故障诊断思路 (3) 难点:发动机检测数据及波形综合分析	
		(2) 编制发动机机电复合故障诊断流程和维修工艺并组织实施	1) 发动机机电复合故障诊断规范流程与思路	(1) 方法:讲授法、讨论法、案例教学法 (2) 重点:分析报告的撰写方法与思路 (3) 难点:指导技师及以下级别人员进行故障诊断	4
			2) 撰写发动机机电复合故障诊断分析报告		
			3) 指导技师及以下级别人员进行发动机机电复合故障诊断维修		
	1-2 底盘机电复合故障诊断	(1) 诊断分析底盘机电复合故障	1) 汽车底盘机电复合故障产生的原因与诊断	(1) 方法:讲授法、讨论法、实训(练习)法、案例教学法、实物示教法 (2) 重点:汽车底盘电控系统控制机理、底盘疑难故障诊断思路 (3) 难点:底盘振动和噪声的原因分析	16
			2) 汽车底盘故障症状的表现类型		
			3) 汽车底盘各电控系统数据流综合分析		
			4) 汽车底盘各电控系统传感器、执行器工作波形分析		
			5) 逻辑化地确定汽车底盘行驶过程中出现振动的原因		
			6) 逻辑化地确定汽车底盘行驶过程中出现噪声的原因		
			7) 汽车底盘各电控系统输入与输出控制策略		
		(2) 编制底盘机电复合故障诊断流程和维修工艺并组织实施	1) 汽车底盘机电复合故障诊断规范流程与思路	(1) 方法:讲授法、讨论法、案例教学法 (2) 重点:分析报告撰写方法与思路 (3) 难点:指导他人进行故障诊断	4
			2) 撰写汽车底盘机电复合故障诊断分析报告		
			3) 指导他人进行汽车底盘机电复合故障诊断维修		

续表

<table>
<tr><th>模块</th><th>课程</th><th>学习单元</th><th>课程内容</th><th>培训建议</th><th>课堂学时</th></tr>
<tr><td rowspan="13">1．汽车故障诊断</td><td rowspan="11">1-3　汽车电气复合故障诊断</td><td rowspan="8">（1）电气系统复合故障的诊断与排除</td><td>1）车身电气故障产生的原因与诊断方法</td><td rowspan="8">（1）方法：讲授法、讨论法、实训（练习）法、案例教学法、实物示教法
（2）重点：车身电气电控系统控制机理、车身电气疑难故障诊断思路
（3）难点：数据传输总线、汽车电源控制管理系统结构和工作原理</td><td rowspan="8">20</td></tr>
<tr><td>2）车身电气故障症状的表现类型</td></tr>
<tr><td>3）各车身电气电控系统数据流综合分析</td></tr>
<tr><td>4）各车身电气电控系统传感器、执行器工作波形分析</td></tr>
<tr><td>5）汽车数据总线结构与工作原理</td></tr>
<tr><td>6）检测、诊断与维修汽车数据总线传输系统，包括车身CAN、LIN、MOST等</td></tr>
<tr><td>7）检测、诊断和维修汽车电源管理系统</td></tr>
<tr><td>8）各车身电气电控系统输入与输出控制策略</td></tr>
<tr><td rowspan="3">（2）编制车身电气复合故障诊断流程和维修工艺并组织实施</td><td>1）车身电气故障诊断规范流程与思路</td><td rowspan="3">（1）方法：讲授法、讨论法、案例教学法
（2）重点：分析报告撰写方法与思路
（3）难点：指导技师及以下级别人员进行故障诊断</td><td rowspan="3">4</td></tr>
<tr><td>2）撰写车身电气复合故障诊断分析报告</td></tr>
<tr><td>3）指导技师及以下级别人员进行车身电气复合故障诊断维修</td></tr>
<tr><td rowspan="2">1-4　电动汽车驱动系统急加速动力中断故障诊断</td><td rowspan="2">（1）诊断驱动系统急加速动力中断故障</td><td>1）驱动系统急加速动力中断故障原因分析</td><td rowspan="2">（1）方法：讲授法、讨论法、案例教学法
（2）重点：驱动系统急加速动力中断故障原因分析
（3）难点：指导技师及以下级别人员进行故障诊断</td><td rowspan="2">12</td></tr>
<tr><td>2）驱动系统急加速动力中断故障诊断流程编制与实施</td></tr>
</table>

续表

模块	课程	学习单元	课程内容	培训建议	课堂学时
2．技术管理与革新	2-1 技术管理	（1）制定企业内部汽车维修质量管理标准、考核标准并组织实施	1）质量管理体系的策划，建立机动车维修企业质量保证体系	（1）方法：讲授法、案例教学法 （2）重点与难点：建立汽车维修质量保证体系	2
			2）汽车维修企业质量手册、程序文件和作业指导书的制定		
			3）汽车维修进厂检验、过程检验、竣工出厂检验的内容、方法和要求		
			4）根据维修车辆一次合格率、返修率、质量事故、质量投诉等对汽车维修质量进行分析，根据分析结果提出改进措施		
			5）处理维修质量纠纷的程序、方法及相关法律法规		
	2-2 技术革新	（1）推广汽车维修新技术、新材料、新工艺，通过试验改进维修作业流程	1）搜集和整理技术资料	（1）方法：讲授法、讨论法、观摩法 （2）重点与难点：汽车维修流程优化	2
			2）总结与分析汽车维修工艺		
			3）汽车维修作业流程的优化		
		（2）技术革新、技术改造，并编写工艺规程	1）汽车维修设备设计（改造）的程序和步骤	（1）方法：讲授法、讨论法、观摩法 （2）重点与难点：汽车维修新工艺规程编写	2
			2）制定汽车维修企业技术开发、技术改造、技术革新方案		
			3）汽车维修新工艺规程编写、总结		

续表

模块	课程	学习单元	课程内容	培训建议	课堂学时
3．技术指导与培训	3–1 技术指导	（1）指导技师排除偶发、疑难故障	1）偶发、疑难故障处理程序 2）疑难故障处理方法与规范 3）技术培训方法、技巧	（1）方法：讲授法、讨论法、案例教学法 （2）重点与难点：技术培训方法、技巧	2
	3–2 系统培训	（1）制定系统培训计划，细分课程，并组织实施	1）汽车维修人员资格条件	（1）方法：讲授法、案例教学法、观摩法 （2）重点与难点：人员培训和考核计划的制订	2
课堂学时合计					90

2.2.7 培训建议中培训方法说明

1．讲授法

讲授法指培训教师主要运用语言讲述，系统地向学员传授知识，传播思想理念。即教师通过叙述、描绘、解释、推论来传递信息、传授知识、阐明概念、论证定律和公式，引导学员获取知识，认识和分析问题。

2．讨论法

讨论法指在教师的指导下，学员以班级或小组为单位，围绕学习单元的内容，对某一专题进行深入探讨，通过讨论或辩论活动，从而获得知识或巩固知识的一种教学方法，要求教师在讨论结束时对讨论的主题做归纳性总结。

3．实训（练习）法

实训（练习）法指学员在教师的指导下巩固知识、运用知识、形成技能技巧的方法。通过实际操作的练习，形成操作技能。

4．参观法

参观法指教师组织或指导学员进行实地观察、调查、研究和学习，使学员获得新知识或巩固已学知识的教学方法。参观教学法可细分为“准备性参观、并行性参观、总结性参观”等。

5．演示法

演示法指在教学过程中，教师通过示范操作和讲解使学员获得知识、技能的教学方法。教学中，教师对操作内容进行现场演示，边操作边讲解，强调操作的关键步骤和注意事项，使学员边学边做，理论与技能并重，师生互动，提高学生的学习兴趣和学习效率。

6．案例教学法

案例教学法指通过对案例进行分析，提出问题，分析问题，并找到解决问题的途径和手段，培养学员分析问题、处理问题的能力。

7．项目教学法

项目教学法指以实际应用为目的，将理论知识与实际工作相结合，通过师生共同完成一个完整的项目工作，使学员获得知识和实践操作能力与解决实际问题能力的教学方法。其实施以小组为学习单位，步骤一般分为确定项目任务、计划、决策、实施、检查和评价 6 个步骤。强调学员在学习过程中的主体地位，以学员为中心，以学员学习为主、教师指导为辅，通过完成教学项目，激发学员的学习积极性，使学员既获得相关理论知识，又掌握实践技能和工作方法，提高学员解决实际问题的综合能力。

8．实物示教法

实物示教法指教师通过实物的操作演示或对学员实物操作演示的评价，实现对学员技能操作步骤和要领掌握情况的检查、纠错、修正，并演示正确操作方法的一种教学方法。

9．观摩法

观摩法指让学员通过现场观摩、观看视频等形式，学习、获取知识、技能的一种教学方法。

2.3 考核规范

2.3.1 职业基本素质培训考核规范

考核范围	考核比重（%）	考核内容	考核比重（%）	考核单元
1．职业认知与职业道德	10	1-1 职业认知	6	（1）职业认知
		1-2 职业道德基本知识	2	（1）道德与职业道德
		1-3 职业守则	2	（1）汽车维修工职业守则
2．基础知识	80	2-1 钳工基础知识	15	（1）钳工基础知识
		2-2 汽车常用材料	15	（1）汽车常用材料
		2-3 电工与电子基础知识	15	（1）电工与电子基础知识
		2-4 液压传动	5	（1）液压传动基础知识
		2-5 汽车维修设备、工具和仪器	10	（1）汽车维修设备、工具和仪器
		2-6 汽车构造	10	（1）汽车构造
		2-7 安全生产与环境保护知识	5	（1）安全生产与环境保护知识
		2-8 质量管理知识	5	（1）质量管理知识
3．法律法规	10	3-1 相关法律、法规知识	10	（1）相关法律、法规知识

2.3.2 初级职业技能培训理论知识考核规范

考核范围	考核比重（%）	考核内容	考核比重（%）	考核单元
1．汽车维护	40	1-1 发动机维护	10	（1）发动机总体认知
				（2）发动机一级维护作业内容
				（3）清洁、更换空气滤清器
				（4）更换机油及机油滤清器
				（5）清理发动机水箱表面污物
		1-2 底盘维护	18	（1）底盘总体认知
				（2）底盘一级维护作业内容
				（3）检查与紧固底盘螺栓、螺母
				（4）检查车轮外观损伤、轮胎花纹深度和轮胎气压
				（5）加注润滑油、润滑脂
				（6）检查、制动、转向、传动等系统的油位和油品
		1-3 电器维护	8	（1）检查灯光、仪表、信号系统功能
				（2）检查喇叭、刮水器、中控门锁、电动后视镜、电动座椅等辅助电器系统功能
				（3）检查空调系统功能
				（4）检查蓄电池极桩连接及清洁情况
		1-4 电动汽车维护	4	（1）执行电动汽车的高压安全防护措施
				（2）执行电动汽车的日常维护
2．检修发动机	20	2-1 拆装发动机附件	8	（1）拆装发电机总成
				（2）拆装起动机总成
				（3）拆装液压转向助力泵总成
		2-2 拆装发动机总成	12	（1）拆装附件驱动皮带
				（2）拆装气门室盖和油底壳
				（3）拆装润滑系统、冷却系统外部部件

续表

考核范围	考核比重（%）	考核内容	考核比重（%）	考核单元
3．检修底盘	20	3–1　拆装行驶系统	6	（1）轮胎换位
				（2）更换减震器总成
		3–2　拆装转向系统	6	（1）更换转向拉杆与球头
				（2）更换平衡杆
		3–3　拆装制动系统	8	（1）更换盘式制动器
				（2）更换鼓式制动器
				（3）更换驻车制动装置
				（4）更换制动轮缸
4．检修汽车电器	20	4–1　拆装蓄电池、照明、信号、仪表系统	8	（1）更换蓄电池
				（2）更换灯泡
				（3）更换熔丝
		4–2　拆装其他辅助电器系统	7	（1）更换刮水臂、刮水片
				（2）调整喷水位置
				（3）更换喇叭
		4–3　拆装空调系统	5	（1）清洁冷凝器
				（2）更换空调滤清器

2.3.3　初级职业技能培训操作技能考核规范

考核范围	考核比重（%）	考核内容	考核比重（%）	考核形式	重要程度	选考方式	考核时间（分钟）
1．汽车维护	40	1–1　发动机维护	30	实操	X	抽考三选一	45
		1–2　底盘维护	30	实操	X		
		1–3　电器维护	30	实操	X		
		1–4　电动汽车维护	10	实操	X	必考	30
2．检修发动机	20	2–1　拆装发动机附件	20	实操	Y	抽考二选一	30
		2–2　拆装发动机总成	20	实操	Y		

续表

考核范围	考核比重（%）	考核内容	考核比重（%）	考核形式	重要程度	选考方式	考核时间（分钟）
3．检修底盘	20	3–1　拆装行驶系统	20	实操	Y	抽考三选一	30
		3–2　拆装转向系统	20	实操	Y		
		3–3　拆装制动系统	20	实操	X		
4．检修汽车电器	20	4–1　拆装蓄电池、照明、信号、仪表系统	20	实操	X	抽考三选一	30
		4–2　拆装其他辅助电器系统	20	实操	Y		
		4–3　拆装空调系统	20	实操	Y		

说明：重要程度

“X”表示核心要素，是鉴定中最重要、出现频率也最高的内容，具有必备性、典型性的特点。“Y”表示一般要素，是鉴定中一般重要的内容。“Z”表示辅助要素，是鉴定中重要程度较低的内容。

2.3.4　中级职业技能培训理论知识考核规范

考核范围	考核比重（%）	考核内容	考核比重（%）	考核单元
1．汽车维护	15	1–1　发动机维护	7	（1）发动机二级维护作业内容
				（2）检测气缸压力
				（3）更换燃油滤清器
				（4）检查进、排气系统
				（5）检查冷却系统
				（6）检查、调整及更换发动机传动皮带
				（7）检查、更换发动机正时皮带或正时链条
		1–2　底盘维护	8	（1）底盘二级维护作业内容
				（2）检查、调整离合器踏板自由行程
				（3）检查万向节、传动轴工作情况
				（4）检查与调整转向拉杆及球头
				（5）检查悬架弹簧、减振器性能
				（6）检查、调整轮毂轴承间隙
				（7）检查、调整制动器和更换制动片

续表

考核范围	考核比重（%）	考核内容	考核比重（%）	考核单元
2．检修发动机	25	2–1　诊断参数检测	5	（1）检测进气歧管真空度
				（2）检测汽油机燃油压力
				（3）检测汽车尾气排放
				（4）使用汽车故障电脑诊断仪
		2–2　检修曲柄连杆机构	3	（1）拆检气缸体及气缸
				（2）拆检活塞、活塞环及活塞销
				（3）拆检连杆及轴承
				（4）拆检飞轮、曲轴及轴承
		2–3　检修配气机构	4	（1）拆检凸轮轴
				（2）拆检气门组件
				（3）拆检气缸盖
		2–4　检修燃油、电控系统	5	（1）检测燃油供给系统
				（2）检测各传感器性能
				（3）检测各执行器性能
				（4）检测点火系统电路
		2–5　检修润滑和冷却系统	5	（1）检测机油压力
				（2）检查水泵密封性
				（3）检测节温器工作状况
				（4）检测冷却风扇、温控开关工作情况
		2–6　检修进、排气系统	3	（1）拆检废气涡轮增压器
				（2）检测进气系统密封性
				（3）检测排气系统的排气阻力
3．检修底盘	30	3–1　检修传动系统	10	（1）更换离合器总成
				（2）更换手动变速器总成
				（3）更换万向传动装置总成
				（4）更换主减速器及差速器总成
				（5）更换自动变速器油和滤芯

续表

考核范围	考核比重（%）	考核内容	考核比重（%）	考核单元
3．检修底盘	30	3–2　检修行驶系统	8	（1）更换轮毂轴承
				（2）四轮定位检查
				（3）车轮动平衡检查
				（4）更换轮胎
		3–3　检修转向系统	4	（1）更换转向器总成
				（2）更换转向传动机构
		3–4　检修制动系统	8	（1）更换制动主缸或制动控制阀
				（2）更换制动助力器总成
				（3）检修制动器总成
				（4）检修驻车制动装置
4．检修汽车电器	20	4–1　检修蓄电池	3	（1）检查蓄电池
				（2）蓄电池充电
		4–2　检修起动机	3	（1）检查判断起动机性能
				（2）检修起动机总成
				（3）检修起动机系统线路
		4–3　检修充电系统	3	（1）检查判断发电机性能
				（2）检修发电机总成
				（3）检修充电系统线路
		4–4　检修照明、信号及仪表系统	4	（1）检修照明系统线路及元件
				（2）检修信号系统线路及元件
				（3）检修仪表系统线路
		4–5　检修辅助电器系统	2	（1）更换车窗电机及开关
				（2）更换门锁电机及开关
				（3）更换电动后视镜及开关
				（4）更换雨刷电机及开关
				（5）更换音响系统
				（6）更换座椅电机及开关
		4–6　检修空调制冷系统	3	（1）更换空调压缩机电磁离合器
				（2）检修空调制冷循环系统
				（3）更换制冷系统各组件
		4–7　拆装空调取暖和通风系统	2	（1）更换热水阀
				（2）更换鼓风机和通风装置

续表

考核范围	考核比重（%）	考核内容	考核比重（%）	考核单元
5．电动汽车检修	10	5–1　电动汽车维护	3	（1）进行电动汽车定期维护
		5–2　检修动力电池总成	3	（1）检查与更换动力电池箱
		5–3　检修高压附件	4	（1）检查与更换高压附件

2.3.5　中级职业技能培训操作技能考核规范

考核范围	考核比重（%）	考核内容	考核比重（%）	考核形式	重要程度	选考方式	考核时间（分钟）
1．汽车维护	15	1–1　发动机维护	15	实操	X	抽考二选一	30
		1–2　底盘维护	15	实操	X		
2．检修发动机	25	2–1　诊断参数检测	12	实操	X	抽考2–1、2–4、2–6三选一；抽考2–2、2–3、2–5三选一	30
		2–2　检修曲柄连杆机构	13	实操	Y		
		2–3　检修配气机构	13	实操	X		
		2–4　检修燃油、电控系统	12	实操	X		
		2–5　检修润滑和冷却系统	13	实操	X		
		2–6　检修进、排气系统	12	实操	Y		
3．检修底盘	30	3–1　检修传动系统	10	实操	X	抽考3–1、3–3二选一	20
		3–2　检修行驶系统	10	实操	X	必考	30
		3–3　检修转向系统	10	实操	Y	抽考3–1、3–3二选一	20
		3–4　检修制动系统	10	实操	X	必考	30

续表

<table>
<tr><th>考核范围</th><th>考核比重（%）</th><th>考核内容</th><th>考核比重（%）</th><th>考核形式</th><th>重要程度</th><th>选考方式</th><th>考核时间（分钟）</th></tr>
<tr><td rowspan="7">4．检修汽车电器</td><td rowspan="7">20</td><td>4–1　检修蓄电池</td><td>8</td><td>实操</td><td>X</td><td rowspan="3">抽考三选一</td><td rowspan="3">30</td></tr>
<tr><td>4–2　检修起动机</td><td>8</td><td>实操</td><td>X</td></tr>
<tr><td>4–3　检修充电系统</td><td>8</td><td>实操</td><td>X</td></tr>
<tr><td>4–4　检修照明、信号及仪表系统</td><td>12</td><td>实操</td><td>Y</td><td rowspan="4">抽考四选一</td><td rowspan="4">30</td></tr>
<tr><td>4–5　检修辅助电器系统</td><td>12</td><td>实操</td><td>Z</td></tr>
<tr><td>4–6　检修空调制冷系统</td><td>12</td><td>实操</td><td>Z</td></tr>
<tr><td>4–7　拆装空调取暖和通风系统</td><td>12</td><td>实操</td><td>Z</td></tr>
<tr><td rowspan="3">5．电动汽车检修</td><td rowspan="3">10</td><td>5–1　电动汽车维护</td><td>10</td><td>实操</td><td>Y</td><td rowspan="3">抽考三选一</td><td rowspan="3">30</td></tr>
<tr><td>5–2　检修动力电池总成</td><td>10</td><td>实操</td><td>Y</td></tr>
<tr><td>5–3　检修高压附件</td><td>10</td><td>实操</td><td>X</td></tr>
</table>

2.3.6　高级职业技能培训理论知识考核规范

<table>
<tr><th>考核范围</th><th>考核比重（%）</th><th>考核内容</th><th>考核比重（%）</th><th>考核单元</th></tr>
<tr><td rowspan="10">1．检修发动机</td><td rowspan="10">30</td><td rowspan="2">1–1　发动机大修</td><td rowspan="2">10</td><td>（1）进行发动机总成大修</td></tr>
<tr><td>（2）进行发动机竣工检验</td></tr>
<tr><td rowspan="3">1–2　诊断排除发动机异响故障</td><td rowspan="3">4</td><td>（1）诊断排除气门脚、挺柱异响</td></tr>
<tr><td>（2）诊断排除连杆轴承、曲轴轴承异响</td></tr>
<tr><td>（3）诊断排除活塞敲缸、活塞销敲击异响</td></tr>
<tr><td rowspan="5">1–3　诊断排除发动机控制系统故障</td><td rowspan="5">6</td><td>（1）诊断排除燃油压力不足故障</td></tr>
<tr><td>（2）诊断排除发动机怠速不稳故障</td></tr>
<tr><td>（3）诊断排除发动机加速不良故障</td></tr>
<tr><td>（4）诊断排除发动机易熄火故障</td></tr>
<tr><td>（5）诊断排除发动机起动困难故障</td></tr>
</table>

续表

考核范围	考核比重（%）	考核内容	考核比重（%）	考核单元
1．检修发动机	30	1-4 诊断排除进、排气系统故障	6	（1）诊断排除进气系统故障
				（2）诊断排除发动机增压系统故障
				（3）使用尾气分析仪、烟度计诊断故障
		1-5 诊断排除润滑和冷却系统故障	4	（1）诊断排除润滑系统故障
				（2）诊断排除冷却系统故障
2．检修底盘	30	2-1 检修底盘总成	8	（1）检修离合器总成
				（2）检修手动变速器总成
				（3）检修万向传动装置
				（4）检修主减速器和差速器总成
				（5）检修转向器总成
		2-2 诊断排除传动系统故障	5	（1）诊断排除离合器故障
				（2）诊断排除手动变速器故障
				（3）检查自动变速器性能
				（4）诊断排除万向传动装置故障
				（5）诊断排除驱动桥故障
		2-3 诊断排除行驶系统故障	6	（1）诊断排除行驶异响故障
				（2）诊断排除行驶跑偏故障
				（3）诊断排除悬架故障
		2-4 诊断排除转向系统故障	3	（1）诊断排除机械转向系统故障
				（2）诊断排除液压助力转向系统故障
				（3）诊断排除电动助力转向系统故障
		2-5 诊断排除制动系统故障	8	（1）诊断排除制动跑偏故障
				（2）诊断排除常规制动系统故障
				（3）诊断排除制动防抱死系统故障
3．检修汽车电器	40	3-1 诊断排除电源及起动系统故障	8	（1）检修发电机故障
				（2）诊断排除电源系统故障
				（3）检修起动机故障
				（4）诊断排除起动系统故障

续表

考核范围	考核比重（%）	考核内容	考核比重（%）	考核单元
3．检修汽车电器	40	3-2　诊断排除照明、信号及仪表故障	8	（1）诊断排除照明系统电路故障
				（2）诊断排除信号系统电路故障
				（3）诊断排除仪表系统电路故障
		3-3　诊断排除辅助电器系统故障	10	（1）诊断排除音响娱乐系统常见故障
				（2）诊断排除电动座椅系统故障
				（3）诊断排除巡航系统故障
				（4）诊断排除电动后视镜系统故障
				（5）诊断排除中控门锁系统故障
				（6）诊断排除雨刷系统故障
				（7）诊断排除电动车窗系统故障
				（8）诊断排除防盗系统故障
				（9）诊断排除安全气囊系统故障
		3-4　诊断排除空调系统故障	8	（1）诊断排除空调制冷循环系统故障
				（2）诊断排除手动空调系统电路故障
				（3）诊断排除自动空调系统电路故障
				（4）诊断排除空调取暖和通风系统故障
		3-5　检修电动汽车高压系统故障	6	（1）诊断高压绝缘阻抗故障

2.3.7　高级职业技能培训操作技能考核规范

考核范围	考核比重（%）	考核内容	考核比重（%）	考核形式	重要程度	选考方式	考核时间（分钟）
1．检修发动机	30	1-1　发动机大修	15	实操	X	抽考1-1、1-2、1-5三选一；抽考1-3、1-4二选一	40
		1-2　诊断排除发动机异响故障	15	实操	Y		
		1-3　诊断排除发动机控制系统故障	15	实操	X		30
		1-4　诊断排除进、排气系统故障	15	实操	Y		
		1-5　诊断排除润滑和冷却系统故障	15	实操	Y		

续表

考核范围	考核比重（%）	考核内容	考核比重（%）	考核形式	重要程度	选考方式	考核时间（分钟）
2．检修底盘	30	2–1　检修底盘总成	30	实操	X	抽考五选一	30
		2–2　诊断排除传动系统故障	30	实操	Y		
		2–3　诊断排除行驶系统故障	30	实操	Y		
		2–4　诊断排除转向系统故障	30	实操	Y		
		2–5　诊断排除制动系统故障	30	实操	X		
3．检修汽车电器	40	3–1　诊断排除电源及起动系统故障	15	实操	X	抽考二选一	30
		3–2　诊断排除照明、信号及仪表故障	15	实操	X		
		3–3　诊断排除辅助电器系统故障	15	实操	Y	抽考二选一	30
		3–4　诊断排除空调系统故障	15	实操	Y		
		3–5　检修电动汽车高压系统故障	10	实操	X	必考	20

2.3.8　技师职业技能培训理论知识考核规范

考核范围	考核比重（%）	考核内容	考核比重（%）	考核单元
1．汽车综合故障诊断	40	1–1　发动机综合故障诊断	15	（1）发动机燃料消耗过高综合故障分析、诊断与排除
				（2）车载诊断系统故障分析、诊断与排除
				（3）发动机功率不足故障分析、诊断与排除

续表

考核范围	考核比重（%）	考核内容	考核比重（%）	考核单元
1．汽车综合故障诊断	40	1-2　底盘综合故障诊断	10	（1）自动变速器综合故障分析、诊断与排除
				（2）传动和行驶系统综合故障分析、诊断与排除
				（3）转向和制动系统综合故障分析、诊断与排除
		1-3　电气系统综合故障诊断	10	（1）音响娱乐和车载影像系统综合故障分析、诊断与排除
				（2）空调系统综合故障诊断与排除
				（3）车载网络控制系统综合故障诊断与排除
				（4）车辆电源管理系统综合故障诊断与排除
		1-4　电动汽车故障诊断	5	（1）车载充电系统无法充电故障诊断
				（2）空调加热系统无暖风故障诊断
2．汽车大修竣工检验	30	2-1　路试检验	15	（1）发动机动力性能的路试
				（2）发动机经济性能的路试
				（3）车辆转向性能的路试
				（4）车辆制动性能的路试
				（5）车辆滑行性能的路试
		2-2　台架检验	15	（1）发动机综合性能检测
				（2）发动机无负荷功率检测
				（3）车辆喇叭声级和车辆噪声检测
				（4）车辆前照灯性能检测
				（5）车辆制动性能检测
				（6）车辆排放性能检测
3．技术管理与指导培训	30	3-1　技术管理	15	（1）汽车维修方案的制定及实施
				（2）汽车故障分析报告和技术论文的撰写
				（3）车辆维修质量的技术评定
				（4）汽车新技术、新工艺、新设备、新材料等相关知识的培训
		3-2　指导培训	15	（1）低级别人员维修作业的技术辅导
				（2）技术人员技能培训

2.3.9　技师职业技能培训操作技能考核规范

<table>
<tr><th>考核范围</th><th>考核比重（%）</th><th>考核内容</th><th>考核比重（%）</th><th>考核形式</th><th>重要程度</th><th>选考方式</th><th>考核时间（分钟）</th></tr>
<tr><td rowspan="4">1. 汽车综合故障诊断</td><td rowspan="4">40</td><td>1–1　发动机综合故障诊断</td><td>20</td><td>实操</td><td>X</td><td>必考</td><td>30</td></tr>
<tr><td>1–2　底盘综合故障诊断</td><td>20</td><td>实操</td><td>X</td><td>必考</td><td>30</td></tr>
<tr><td>1–3　电气系统综合故障</td><td>20</td><td>实操</td><td>X</td><td rowspan="2">抽考二选一</td><td rowspan="2">30</td></tr>
<tr><td>1–4　电动汽车故障诊断</td><td>20</td><td>实操</td><td>Y</td></tr>
<tr><td rowspan="2">2. 汽车大修竣工检验</td><td rowspan="2">30</td><td>2–1　路试检验</td><td>30</td><td>实操</td><td>X</td><td rowspan="2">抽考二选一</td><td rowspan="2">30</td></tr>
<tr><td>2–2　台架检验</td><td>30</td><td>实操</td><td>X</td></tr>
<tr><td rowspan="2">3. 技术管理与指导培训</td><td rowspan="2">30</td><td>3–1　技术管理</td><td>10</td><td>笔试与口试</td><td>X</td><td>必考</td><td>40</td></tr>
<tr><td>3–2　指导培训</td><td>10</td><td>评审</td><td>X</td><td>必考</td><td>20</td></tr>
</table>

2.3.10　高级技师职业技能培训理论知识考核规范

<table>
<tr><th>考核范围</th><th>考核比重（%）</th><th>考核内容</th><th>考核比重（%）</th><th>考核单元</th></tr>
<tr><td rowspan="7">1. 汽车复合故障诊断</td><td rowspan="7">40</td><td rowspan="2">1–1　发动机机电复合故障诊断</td><td rowspan="2">10</td><td>（1）诊断分析发动机机电复合故障</td></tr>
<tr><td>（2）编制发动机机电复合故障诊断流程和维修工艺并组织实施</td></tr>
<tr><td rowspan="2">1–2　底盘机电复合故障诊断</td><td rowspan="2">10</td><td>（1）诊断分析底盘机电复合故障</td></tr>
<tr><td>（2）编制底盘机电复合故障诊断流程和维修工艺并组织实施</td></tr>
<tr><td rowspan="2">1–3　汽车电气复合故障诊断</td><td rowspan="2">10</td><td>（1）电气系统复合故障的诊断与排除</td></tr>
<tr><td>（2）编制车身电气复合故障诊断流程和维修工艺并组织实施</td></tr>
<tr><td>1–4　电动汽车驱动系统急加速动力中断故障诊断</td><td>10</td><td>（1）诊断驱动系统急加速动力中断故障</td></tr>
</table>

续表

考核范围	考核比重（%）	考核内容	考核比重（%）	考核单元
2．技术管理与革新	30	2-1　技术管理	10	（1）制定企业内部汽车维修质量管理标准、考核标准并组织实施
		2-2　技术革新	20	（1）推广汽车维修新技术、新材料、新工艺，通过试验改进维修作业流程
				（2）技术革新、技术改造，并编写工艺规程
3．技术指导与培训	30	3-1　技术指导	15	（1）指导技师排除偶发、疑难故障
		3-2　系统培训	15	（1）制订系统培训计划，细分课程，并组织实施

2.3.11　高级技师职业技能培训操作技能考核规范

考核范围	考核比重（%）	考核内容	考核比重（%）	考核形式	重要程度	选考方式	考核时间（分钟）
1．汽车复合故障诊断	40	1-1　发动机机电复合故障诊断	15	实操	X	必考	30
		1-2　底盘机电复合故障诊断	15	实操	X	必考	30
		1-3　汽车电气复合故障诊断	10	实操	X	抽考二选一	30
		1-4　电动汽车驱动系统急加速动力中断故障诊断	10	实操	X		
2．技术管理与革新	30	2-1　技术管理	10	评审	X	必考	30
		2-2　技术革新	20	评审	Y	必考	
3．技术指导与培训	30	3-1　技术指导	15	笔试	X	必考	30
		3-2　系统培训	15	口试	Y	必考	20

附录

培训要求与课程规范对照表

附录 1　职业基本素质培训要求与课程规范对照表

2.1.1　职业基本素质培训要求			2.2.1　职业基本素质培训课程规范			
职业基本素质模块（模块）	培训内容（课程）	培训细目	学习单元	课程内容	培训建议	课堂学时
1．职业认知与职业道德	1–1　职业认知	（1）汽车维修业简介 （2）汽车维修工的工作内容	（1）职业认知	1）汽车维修业 ①汽车的定义 ②汽车维修的定义 ③汽车维修的仪器、设备、工具 2）汽车维修工的工作内容 ①了解汽车维护作业的工艺流程 ②汽车的清洁、补给、检查 ③汽车的润滑、紧固、调整、修复 ④汽车故障的判断与排除	（1）方法：讲授法、案例教学法 （2）重点与难点：汽车维修工的工作内容	1
	1–2　职业道德基本知识	（1）职业道德修养 （2）汽车维修服务人员职业道德规范	（1）道德与职业道德	1）职业道德 ①职业道德的概念 ②各行业共同的职业道德内容 ③工作态度、维修质量、职业道德三者的关系 ④加强职业道德修养 2）汽车维修人员职业道德规范 ①忠于职守、爱岗敬业的含义 ②汽车维修业对维修人员的要求 ③团结协作的表现 ④廉洁奉公、爱岗敬业的具体要求	（1）方法：讲授法、案例教学法 （2）重点：汽车维修人员的职业道德规范 （3）难点：汽车维修人员职业道德规范的养成与应用	2
	1–3　职业守则	（1）汽车维修工职业守则	（1）汽车维修工职业守则	1）遵守相关法律、法规和规定 2）爱岗敬业，忠于职守，诚实守信 3）认真负责，严于律己	（1）方法：讲授法、案例教学法	1

续表

2.1.1 职业基本素质培训要求			2.2.1 职业基本素质培训课程规范			
职业基本素质模块（模块）	培训内容（课程）	培训细目	学习单元	课程内容	培训建议	课堂学时
1．职业认知与职业道德	1–3 职业守则	（1）汽车维修工职业守则	（1）汽车维修工职业守则	4）努力学习，钻研业务，奉献社会	（2）重点与难点：汽车维修工的职业守则	
				5）谦虚谨慎，团结协作		
				6）严格执行工艺文件，质量意识强		
				7）重视安全生产，环保意识强		
2．基础知识	2–1 钳工基础知识	（1）钳工常用工具、量具等的使用方法 （2）钳工操作基础知识	（1）钳工基础知识	1）钳工常用工具、量具、仪表的用途和使用方法	（1）方法：讲授法、演示法 （2）重点与难点：钳工规范操作	30
				2）装配钳工操作基础知识		
	2–2 汽车常用材料	（1）汽车常用材料	（1）汽车常用材料	1）汽车常用金属材料和非金属材料的种类、性能及应用	（1）方法：讲授法、演示法 （2）重点与难点：汽车常用材料的正确选用	4
				2）燃料的牌号、性能及使用		
				3）润滑油、润滑脂的牌号、性能及使用		
				4）常用工作液的牌号、性能及使用		
				5）汽车轮胎的规格、分类及使用		
				6）轴承的类型、结构		
				7）紧固件的种类与代号		
	2–3 电工与电子基础知识	（1）电工与电子基础知识	（1）电工与电子基础知识	1）电路基础知识（直流电路、交流电路）	（1）方法：讲授法、演示法 （2）重点与难点：常见电子元件的识别	12
				2）电路基本元件的名称与代号		
				3）电子电路基础知识		
				4）常见电子元件的名称与代号		
				5）电工电子测量		
	2–4 液压传动	（1）液压传动基础知识 （2）液压传动在汽车上的应用	（1）液压传动基础知识	1）液压传动基础知识	（1）方法：讲授法 （2）重点与难点：液压传动在汽车上的应用	2
				2）液压传动在汽车上的应用		

续表

2.1.1 职业基本素质培训要求			2.2.1 职业基本素质培训课程规范			
职业基本素质模块（模块）	培训内容（课程）	培训细目	学习单元	课程内容	培训建议	课堂学时
2．基础知识	2-5 汽车维修设备、工具和仪器	（1）汽车维修设备、工具和仪器	（1）汽车维修设备、工具和仪器	1）维修常用设备、工具的种类和用途	（1）方法：讲授法 （2）重点与难点：常用维修工具的使用方法	2
				2）一般工具和设备（手动、气动、电动）的选择和使用		
				3）一般汽车检测仪器的使用		
	2-6 汽车构造	（1）汽车构造	（1）汽车构造	1）汽车的总体构造	（1）方法：讲授法、演示法 （2）重点与难点：汽车电器设备与电子控制装置	10
				2）发动机的总体构造		
				3）底盘的总体构造		
				4）汽车电器设备与电子控制装置的组成		
				5）车身结构和作用		
	2-7 安全生产与环境保护知识	（1）安全生产 （2）环境保护知识	（1）安全生产与环境保护知识	1）安全防火和安全用电知识	（1）方法：讲授法、实训法、案例教学法 （2）重点与难点：汽车维修设备、检测仪器和专用工具安全操作规范	2
				2）环保法规及相关知识		
				3）车用油品的储存和使用		
				4）废弃物品和废弃油品处理		
				5）危险化学品管理知识		
				6）汽车维修作业安全管理知识		
				7）汽车维修设备、检测仪器和专用工具安全操作规范		
				8）现场急救知识		
				9）汽车尾气排放法规		
	2-8 质量管理知识	（1）质量管理的概念 （2）汽车维修质量管理的基本方法	（1）质量管理知识	1）质量管理的概念	（1）方法：讲授法 （2）重点与难点：质量管理的基本方法	2
				2）汽车维修质量管理的基本方法		

续表

2.1.1 职业基本素质培训要求			2.2.1 职业基本素质培训课程规范			
职业基本素质模块（模块）	培训内容（课程）	培训细目	学习单元	课程内容	培训建议	课堂学时
3．法律法规	3-1 相关法律、法规知识	（1）相关法律知识 （2）相关法规知识	（1）相关法律、法规知识	1）《中华人民共和国劳动法》相关知识 2）《中华人民共和国合同法》相关知识 3）《中华人民共和国消费者权益保护法》相关知识 4）《家用汽车产品修理、更换、退货责任规定》相关知识 5）《道路运输从业人员管理规定》相关知识 6）《机动车维修管理规定》相关知识 7）《汽车维护、检测、诊断技术规范》相关知识 8）《特种设备安全监察条例》相关知识 9）《液化天然气汽车专用装置安装要求》相关知识	（1）方法：讲授法 （2）重点：对《机动车维修管理规定》的理解与掌握	2
课堂学时合计						70

附录 2　初级职业技能培训要求与课程规范对照表

2.1.2 初级职业技能培训要求				2.2.2 初级职业技能培训课程规范			
职业功能模块（模块）	培训内容（课程）	技能目标	培训细目	学习单元	课程内容	培训建议	课堂学时
1．汽车维护	1-1 发动机维护	1-1-1 能清洁空气滤清器	（1）清洁、更换空气滤清器	（1）发动机总体认知	1）发动机的类型、功用及布置形式 2）发动机附件的认知	（1）方法：讲授法、实训法 （2）重点与难点：发动机附件的认知	2
				（2）发动机一级维护作业内容	1）发动机一级维护作业内容 2）发动机一级维护操作要点和技术要求	（1）方法：讲授法 （2）重点与难点：发动机一级维护作业内容	2

续表

<table>
<tr><th colspan="4">2.1.2　初级职业技能培训要求</th><th colspan="4">2.2.2　初级职业技能培训课程规范</th></tr>
<tr><th>职业功能模块（模块）</th><th>培训内容（课程）</th><th>技能目标</th><th>培训细目</th><th>学习单元</th><th>课程内容</th><th>培训建议</th><th>课堂学时</th></tr>
<tr><td rowspan="17">1. 汽车维护</td><td rowspan="13">1-1　发动机维护</td><td rowspan="4">1-1-1　能清洁空气滤清器</td><td rowspan="4">（1）清洁、更换空气滤清器</td><td rowspan="4">(3) 清洁、更换空气滤清器</td><td>1）空气滤清器的类型、功用及安装位置</td><td rowspan="4">（1）方法：讲授法、实训法
（2）重点与难点：空气滤清器的安装</td><td rowspan="4">2</td></tr>
<tr><td>2）空气滤清器的拆卸</td></tr>
<tr><td>3）空气滤清器的安装与清洁</td></tr>
<tr><td>4）空气滤清器的拆装要求与注意事项</td></tr>
<tr><td rowspan="3">1-1-2　能更换机油及机油滤清器</td><td rowspan="3">（1）更换机油及机油滤清器</td><td rowspan="6">（4）更换机油及机油滤清器</td><td>1）润滑油的分类与选用</td><td rowspan="6">（1）方法：讲授法、实训法
（2）重点与难点：机油及滤清器的更换</td><td rowspan="6">6</td></tr>
<tr><td>2）机油及机油滤清器的更换</td></tr>
<tr><td>3）检查发动机机油泄漏</td></tr>
<tr><td rowspan="2">1-1-3　能检查发动机机油泄漏</td><td rowspan="2">（1）检查发动机机油泄漏</td><td>4）发动机机油液位的检查调整</td></tr>
<tr><td>5）机油的更换注意事项</td></tr>
<tr><td>1-1-4　能检查调整发动机机油液位</td><td>（1）检查调整发动机机油液位</td><td>6）废弃物的处理要求</td></tr>
<tr><td rowspan="3">1-1-5　能清理发动机水箱表面污物</td><td rowspan="3">（1）清理发动机水箱表面污物
（2）检查发动机水箱泄漏</td><td rowspan="3">（5）清理发动机水箱表面污物</td><td>1）发动机水箱的类型、功用</td><td rowspan="3">（1）方法：讲授法、实训法
（2）重点与难点：发动机水箱泄漏的检查</td><td rowspan="3">2</td></tr>
<tr><td>2）发动机水箱表面污物的清理</td></tr>
<tr><td>3）发动机水箱泄漏的目视检查</td></tr>
<tr><td rowspan="4">1-2　底盘维护</td><td rowspan="4">1-2-1　能检查与紧固底盘螺栓、螺母</td><td rowspan="4">（1）检查底盘螺栓、螺母
（2）紧固底盘螺栓、螺母</td><td rowspan="2">（1）底盘总体认知</td><td>1）底盘的类型、功用及布置形式</td><td rowspan="2">（1）方法：讲授法
（2）重点与难点：底盘总体结构认知</td><td rowspan="2">2</td></tr>
<tr><td>2）底盘总体结构认知</td></tr>
<tr><td rowspan="2">（2）底盘一级维护作业内容</td><td>1）底盘一级维护作业内容</td><td rowspan="2">（1）方法：讲授法
（2）重点与难点：底盘一级维护作业内容</td><td rowspan="2">2</td></tr>
<tr><td>2）底盘一级维护操作要点和技术要求</td></tr>
</table>

续表

2.1.2 初级职业技能培训要求				2.2.2 初级职业技能培训课程规范			
职业功能模块（模块）	培训内容（课程）	技能目标	培训细目	学习单元	课程内容	培训建议	课堂学时
1. 汽车维护	1-2 底盘维护	1-2-1 能检查与紧固底盘螺栓、螺母	(1) 检查底盘螺栓、螺母 (2) 紧固底盘螺栓、螺母	(3) 检查与紧固底盘螺栓、螺母	1) 螺栓和螺母的分类、规格 2) 底盘螺栓、螺母的检查 3) 底盘螺栓、螺母的紧固	(1) 方法：讲授法、实训法 (2) 重点与难点：底盘螺栓、螺母的检查	2
		1-2-2 能检查车轮外观损伤、轮胎花纹深度和轮胎气压	(1) 检查车轮外观损伤、轮胎花纹深度 (2) 检查并补充轮胎气压	(4) 检查车轮外观损伤、轮胎花纹深度和轮胎气压	1) 车轮组成、轮胎结构 2) 车轮外观损伤、花纹深度的检查 3) 轮胎气压的检查与补充 4) 轮胎检查的方法与注意事项	(1) 方法：讲授法、演示法、实训法 (2) 重点与难点：轮胎检查的方法与注意事项	2
		1-2-3 能加注润滑油、润滑脂	(1) 底盘油脂泄漏检查 (2) 加注润滑油 (3) 加注润滑脂	(5) 加注润滑油、润滑脂	1) 润滑油、润滑脂的分类与选用 2) 底盘油脂泄漏的检查 3) 润滑油、润滑脂的加注	(1) 方法：讲授法、演示法、实训法 (2) 重点与难点：润滑油、润滑脂的选用与加注方法	2
		1-2-4 能检查制动、转向、传动等系统的油位和油品	(1) 检查制动、转向、传动等系统的油位 (2) 检查制动、转向、传动等系统的油品	(6) 检查制动、转向、传动等系统的油位和油品	1) 制动液、转向助力液、传动系统油等型号的识别与选用 2) 制动、转向、传动等系统油位的检查 3) 制动、转向、传动等系统油品的检查	(1) 方法：讲授法、实训法 (2) 重点与难点：润滑油、润滑脂的选用与加注方法	4
	1-3 电器维护	1-3-1 能检查灯光、仪表、信号系统功能	(1) 检查灯光、仪表、信号系统功能 (2) 更换灯泡	(1) 检查灯光、仪表、信号系统功能	1) 灯光、仪表、信号系统的功用 2) 灯光、仪表、信号系统功能的检查 3) 更换灯泡	(1) 方法：讲授法、演示法、实训法 (2) 重点与难点：灯光、仪表、信号系统功能的检查方法	4

续表

<table>
<tr><th colspan="4">2.1.2 初级职业技能培训要求</th><th colspan="4">2.2.2 初级职业技能培训课程规范</th></tr>
<tr><th>职业功能模块（模块）</th><th>培训内容（课程）</th><th>技能目标</th><th>培训细目</th><th>学习单元</th><th>课程内容</th><th>培训建议</th><th>课堂学时</th></tr>
<tr><td rowspan="15">1. 汽车维护</td><td rowspan="9">1-3 电器维护</td><td rowspan="2">1-3-2 能检查喇叭、刮水器、中控门锁、电动后视镜、电动座椅等辅助电器系统功能</td><td rowspan="2">（1）检查喇叭、刮水器、中控门锁、电动后视镜、电动座椅等辅助电器系统功能</td><td rowspan="2">（2）检查喇叭、刮水器、中控门锁、电动后视镜、电动座椅等辅助电器系统功能</td><td>1）喇叭、刮水器、中控门锁、电动后视镜、电动座椅等辅助电器系统功用</td><td rowspan="2">（1）方法：讲授法、演示法、实训法
（2）重点与难点：辅助电器系统的检查方法与注意事项</td><td rowspan="2">4</td></tr>
<tr><td>2）喇叭、刮水器、中控门锁、电动后视镜、电动座椅等辅助电器系统功能的检查</td></tr>
<tr><td rowspan="2">1-3-3 能检查空调系统功能</td><td rowspan="2">（1）检查空调系统功能</td><td rowspan="2">（3）检查空调系统功能</td><td>1）空调系统功用与模式</td><td rowspan="2">（1）方法：讲授法、演示法、实训法
（2）重点与难点：空调系统的检查方法与注意事项</td><td rowspan="2">4</td></tr>
<tr><td>2）空调系统功能的检查</td></tr>
<tr><td rowspan="5">1-3-4 能检查蓄电池极桩连接及清洁情况</td><td rowspan="5">（1）检查蓄电池极桩连接情况
（2）清洁蓄电池极桩
（3）规范充电
（4）正确更换蓄电池</td><td rowspan="5">（4）检查蓄电池极桩连接及清洁情况</td><td>1）蓄电池的作用与类型</td><td rowspan="5">（1）方法：讲授法、实训法
（2）重点：正确更换蓄电池</td><td rowspan="5">2</td></tr>
<tr><td>2）蓄电池极桩连接情况的检查</td></tr>
<tr><td>3）蓄电池极桩的清洁</td></tr>
<tr><td>4）蓄电池的规范充电</td></tr>
<tr><td>5）正确更换蓄电池</td></tr>
<tr><td rowspan="6">1-4 电动汽车维护</td><td rowspan="3">1-4-1 能执行电动汽车的高压安全防护措施</td><td rowspan="3">（1）安全防护设备的检查与选用
（2）正确断开高压电
（3）电动汽车高压安全检查</td><td rowspan="3">（1）执行电动汽车的高压安全防护措施</td><td>1）安全防护设备的检查与选用</td><td rowspan="3">（1）方法：演示法、实训法
（2）重点：高压安全与防护
（3）难点：高压检查</td><td rowspan="3">24</td></tr>
<tr><td>2）电动汽车高压电摘除</td></tr>
<tr><td>3）电动汽车高压安全检查</td></tr>
<tr><td rowspan="3">1-4-2 能执行电动汽车的日常维护</td><td rowspan="3">（1）电动汽车充放电及常用电器设备功能检查
（2）电动汽车日常检查与维护</td><td rowspan="3">（2）执行电动汽车的日常维护</td><td>1）电动汽车充、放电</td><td rowspan="3">（1）方法：演示法、实训法
（2）重点：电动汽车充、放电</td><td rowspan="3">12</td></tr>
<tr><td>2）电动汽车常用电器设备功能检查</td></tr>
<tr><td>3）电动汽车日常检查与维护</td></tr>
</table>

续表

2.1.2 初级职业技能培训要求				2.2.2 初级职业技能培训课程规范			
职业功能模块（模块）	培训内容（课程）	技能目标	培训细目	学习单元	课程内容	培训建议	课堂学时
2．检修发动机	2-1 拆装发动机附件	2-1-1 能拆装发电机总成	(1) 拆卸发电机总成 (2) 安装发电机总成	(1) 拆装发电机总成	1) 发电机类型、功用、型号及安装位置 2) 发电机总成的拆卸 3) 发电机总成的安装与检查	(1) 方法：演示法、实训法 (2) 重点与难点：发电机总成的拆装及注意事项	2
		2-1-2 能拆装起动机总成	(1) 拆卸起动机总成 (2) 安装起动机总成	(2) 拆装起动机总成	1) 起动机类型、功用、型号及安装位置 2) 起动机总成的拆卸 3) 起动机总成的安装与检查	(1) 方法：演示法、实训法 (2) 重点与难点：起动机总成的拆装及注意事项	2
		2-1-3 能拆装液压转向助力泵总成	(1) 拆卸液压转向助力泵总成 (2) 安装液压转向助力泵总成	(3) 拆装液压转向助力泵总成	1) 液压转向助力泵的类型、功用、型号及安装位置 2) 液压转向助力泵总成的拆卸 3) 液压转向助力泵总成的安装与检查	(1) 方法：演示法、实训法 (2) 重点与难点：液压转向助力泵总成的拆装及注意事项	2
	2-2 拆装发动机总成	2-2-1 能拆装附件驱动皮带	(1) 拆卸附件驱动皮带 (2) 安装附件驱动皮带	(1) 拆装附件驱动皮带	1) 附件驱动皮带类型、功用、型号及安装位置 2) 附件驱动皮带的拆卸 3) 附件驱动皮带的安装与检查	(1) 方法：演示法、实训法 (2) 重点与难点：附件驱动皮带的拆装要求与注意事项	6
		2-2-2 能拆装气门室盖和油底壳	(1) 拆卸气门室盖和油底壳 (2) 安装气门室盖和油底壳	(2) 拆装气门室盖和油底壳	1) 气门室盖和油底壳的类型、功用、型号及安装位置 2) 气门室盖和油底壳的拆卸 3) 气门室盖和油底壳的清洗 4) 气门室盖和油底壳的安装与检查	1) 方法：讲授法、演示法、实训法 (2) 重点与难点：气门室盖和油底壳的拆装要求及注意事项	6

续表

2.1.2 初级职业技能培训要求				2.2.2 初级职业技能培训课程规范			
职业功能模块（模块）	培训内容（课程）	技能目标	培训细目	学习单元	课程内容	培训建议	课堂学时
2．检修发动机	2–2 拆装发动机总成	2–2–3 能拆装润滑系统、冷却系统外部部件	（1）拆卸润滑系统、冷却系统外部部件 （2）安装润滑系统、冷却系统外部部件	（3）拆装润滑系统、冷却系统外部部件	1）润滑系统、冷却系统外部部件的类型、作用及型号 2）润滑系统、冷却系统外部部件的拆卸 3）润滑系统、冷却系统外部部件的安装	（1）方法：讲授法、演示法、实训法 （2）重点与难点：润滑系统、冷却系统外部部件的拆装步骤及注意事项	6
3．检修底盘	3–1 拆装行驶系统	3–1–1 能进行轮胎换位	（1）拆卸车轮 （2）轮胎换位安装	（1）轮胎换位	1）行驶系的功用及组成 2）车轮功用、类型 3）车轮拆装与换位的技术要求 4）车轮的拆卸 5）轮胎的换位安装与检查	（1）方法：讲授法、演示法、实训法 （2）重点与难点：轮胎的换位操作	4
		3–1–2 能更换减振器总成	（1）拆卸减震器总成 （2）安装减震器总成	（2）更换减震器总成	1）悬架的功用、类型、结构组成及工作原理 2）减震器类型、功用、结构及工作原理 3）减震器总成的拆卸 4）减震器总成的安装与检查	（1）方法：讲授法、演示法、实训法 （2）重点：减震器总成的结构及拆装 （3）难点：减震器总成的拆装	6
	3–2 拆装转向系统	3–2–1 能拆装转向拉杆与球头	（1）拆卸转向拉杆与球头 （2）安装转向拉杆与球头	（1）更换转向拉杆与球头	1）转向系的功用、类型及基本组成 2）转向拉杆与球头的功用、结构及安装位置 3）转向拉杆与球头的拆卸 4）转向拉杆与球头的安装与检查	（1）方法：讲授法、演示法、实训法 （2）重点：转向拉杆与球头的结构与拆装 （3）难点：转向拉杆与球头的拆装	4

续表

2.1.2 初级职业技能培训要求				2.2.2 初级职业技能培训课程规范			
职业功能模块（模块）	培训内容（课程）	技能目标	培训细目	学习单元	课程内容	培训建议	课堂学时
3．检修底盘	3-2 拆装转向系统	3-2-2 能拆装平衡杆	（1）拆卸平衡杆 （2）安装平衡杆	（2）更换平衡杆	1）平衡杆的功用、结构及安装位置 2）平衡杆的拆卸 3）平衡杆的安装	（1）方法：讲授法、演示法、实训法 （2）重点：平衡杆的结构与拆装 （3）难点：平衡杆的拆装	4
	3-3 拆装制动系统	3-3-1 能拆装盘式制动器	（1）拆卸盘式制动器 （2）安装盘式制动器	（1）更换盘式制动器	1）制动系的功用、类型及组成 2）盘式制动器的功用、类型及结构组成 3）盘式制动器拆卸 4）盘式制动器的安装检查	（1）方法：讲授法、演示法、实训法 （2）重点：盘式制动器结构及拆装 （3）难点：盘式制动器的拆装	6
		3-3-2 能拆装鼓式制动器	（1）拆卸鼓式制动器 （2）安装鼓式制动器	（2）更换鼓式制动器	1）鼓式制动器的功用、类型及结构组成 2）鼓式制动器的拆卸 3）鼓式制动器的安装与检查	（1）方法：讲授法、演示法、实训法 （2）重点：鼓式制动器结构及拆装 （3）难点：鼓式制动器的拆装	6
		3-3-3 能拆装驻车制动装置	（1）拆卸驻车制动装置 （2）安装驻车制动装置	（3）更换驻车制动装置	1）驻车制动装置的功用、类型、结构组成及安装位置 2）驻车制动装置的拆卸 3）驻车制动装置的安装与检查	（1）方法：讲授法、演示法、实训法 （2）重点：驻车制动装置的结构与拆装检查 （3）难点：驻车制动装置总成的拆装检查	6
		3-3-4 能更换制动轮缸	（1）拆卸制动轮缸 （2）安装制动轮缸	（4）更换制动轮缸	1）液压制动系的功用、结构及组成 2）制动轮缸的功能、结构及安装位置 3）制动轮缸的拆卸 4）制动轮缸的安装与检查	（1）方法：讲授法、演示法、实训法 （2）重点：制动轮缸的结构与拆装检查 （3）难点：制动轮缸的拆装与检查	6

续表

2.1.2 初级职业技能培训要求				2.2.2 初级职业技能培训课程规范			
职业功能模块（模块）	培训内容（课程）	技能目标	培训细目	学习单元	课程内容	培训建议	课堂学时
4. 检修汽车电器	4–1 拆装蓄电池、照明、信号、仪表系统	4–1–1 能拆装蓄电池	(1) 拆卸蓄电池 (2) 安装蓄电池	(1) 更换蓄电池	1) 蓄电池的功用、类型、型号及安装位置	(1) 方法：讲授法、演示法、实训法 (2) 重点：蓄电池的拆装步骤 (3) 难点：蓄电池更换后的基本设定	4
					2) 蓄电池的拆卸		
					3) 蓄电池的安装与检查		
					4) 蓄电池更换后的基本设定		
		4–1–2 能拆装、更换灯泡	(1) 拆卸灯泡 (2) 安装灯泡	(2) 更换灯泡	1) 灯泡的功用、类型及安装位置	(1) 方法：演示法、实训法 (2) 重点：灯泡的拆装步骤 (3) 难点：灯泡的检查	6
					2) 灯泡的拆卸		
					3) 灯泡的安装与检查		
		4–1–3 能拆装、更换熔丝	(1) 拆卸熔丝 (2) 安装熔丝	(3) 更换熔丝	1) 熔丝的功用、类型及安装位置	(1) 方法：演示法、实训法 (2) 重点与难点：熔丝的拆装	2
					2) 熔丝的检查		
					3) 熔丝的拆装		
	4–2 拆装其他辅助电器系统	4–2–1 能拆装刮水臂、刮水片、调整喷水位置	(1) 拆装刮水臂 (2) 拆装刮水片 (3) 调整喷水位置	(1) 更换刮水臂、刮水片	1) 刮水臂、刮水片的功用、类型及安装位置	(1) 方法：演示法、实训法 (2) 重点：刮水臂的拆装 (3) 难点：刮水臂的安装	2
					2) 刮水臂、刮水片的拆卸		
					3) 刮水臂、刮水片的安装与检查		
				(2) 调整喷水位置	1) 喷水系统的功用、组成及工作原理	(1) 方法：演示法、实训法 (2) 重点与难点：喷水位置的调整	2
					2) 喷水位置的调整与检查		
		4–2–2 能拆装喇叭	(1) 拆卸喇叭 (2) 安装喇叭	(3) 更换喇叭	1) 喇叭的功用、组成、类型及工作原理	(1) 方法：讲授法、演示法、实训法 (2) 重点：喇叭的拆装 (3) 难点：喇叭的检查	4
					2) 喇叭的拆卸		
					3) 喇叭的安装与检查		

续表

2.1.2　初级职业技能培训要求				2.2.2　初级职业技能培训课程规范			
职业功能模块（模块）	培训内容（课程）	技能目标	培训细目	学习单元	课程内容	培训建议	课堂学时
4．检修汽车电器	4–3　拆装空调系统	4–3–1　能清洁冷凝器	（1）清洁冷凝器	（1）清洁冷凝器	1）冷凝器的清洁方法	（1）方法：演示法、实训法 （2）重点：冷凝器的清洁 （3）难点：冷凝器的检查	2
					2）冷凝器清洁的技术要求		
					3）冷凝器的清洁与检查		
		4–3–2　能更换空调滤清器	（1）拆卸空调滤清器 （2）安装空调滤清器	（2）更换空调滤清器	1）空调滤清器的功用、类型及安装位置	（1）方法：演示法、实训法 （2）重点与难点：空调滤清器的拆装	4
					2）空调滤清器的拆卸		
					3）空调滤清器的安装		
课堂学时合计							170

附录 3　中级职业技能培训要求与课程规范对照表

2.1.3　中级职业技能培训要求				2.2.3　中级职业技能培训课程规范			
职业功能模块（模块）	培训内容（课程）	技能目标	培训细目	学习单元	课程内容	培训建议	课堂学时
1．汽车维护	1–1　发动机维护	1–1–1　能检测气缸压力	（1）检测气缸压力	（1）发动机二级维护作业内容	1）发动机二级维护作业内容	（1）方法：讲授法 （2）重点与难点：发动机二级维护作业内容	2
					2）发动机二级维护作业操作要点和技术要求		
				（2）检测气缸压力	1）气缸压力表类型、功用	（1）方法：讲授法、实训法 （2）重点与难点：气缸压力的检测方法与注意事项	2
					2）气缸压力的检测		

续表

2.1.3 中级职业技能培训要求				2.2.3 中级职业技能培训课程规范			
职业功能模块（模块）	培训内容（课程）	技能目标	培训细目	学习单元	课程内容	培训建议	课堂学时
1. 汽车维护	1-1 发动机维护	1-1-2 能更换燃油滤清器	（1）拆卸燃油滤清器 （2）安装燃油滤清器	（3）更换燃油滤清器	1）燃油滤清器的类型、功用及安装位置 2）燃油滤清器的拆卸 3）燃油滤清器的安装	（1）方法：讲授法、实训法 （2）重点与难点：燃油滤清器的更换方法与注意事项	2
		1-1-3 能检查进、排气系统	（1）检查进气系统 （2）检查排气系统	（4）检查进、排气系统	1）进、排气系统的类型、功用及安装位置 2）进气系统的检查 3）排气系统的检查	（1）方法：讲授法、实训法 （2）重点与难点：进、排气系统检查方法与注意事项	2
		1-1-4 能检查冷却系统	（1）检查冷却系统密封性 （2）检查冷却液冰点	（5）检查冷却系统	1）冷却系统的类型、功用及组成 2）冷却系统密封性的检查 3）冷却液冰点的检查	（1）方法：讲授法、实训法 （2）重点与难点：冷却系统密封性的检查方法与注意事项	2
		1-1-5 能检查、调整及更换发动机传动皮带	（1）检查、调整及更换发动机传动皮带	（6）检查、调整及更换发动机传动皮带	1）发动机传动皮带的结构、功用和类型 2）发动机传动皮带的检查、调整及更换	（1）方法：讲授法、实训法、演示法 （2）重点与难点：发动机传动皮带的检查与更换	2
		1-1-6 能更换发动机正时皮带或正时链条	（1）检查及更换发动机正时皮带或正时链条	（7）检查、更换发动机正时皮带或正时链条	1）发动机正时皮带或正时链条的结构、功用和类型 2）发动机正时皮带或正时链条的检查与更换	（1）方法：讲授法、实训法、演示法 （2）重点与难点：发动机正时皮带或正时链条的检查与更换	4

续表

2.1.3 中级职业技能培训要求				2.2.3 中级职业技能培训课程规范			
职业功能模块（模块）	培训内容（课程）	技能目标	培训细目	学习单元	课程内容	培训建议	课堂学时
1. 汽车维护	1-2 底盘维护	1-2-1 能检查、调整离合器踏板自由行程	（1）检查离合器踏板自由行程 （2）调整离合器踏板自由行程	（1）底盘二级维护作业内容	1）底盘二级维护作业内容 2）底盘二级维护作业操作要点和技术要求	（1）方法：讲授法 （2）重点与难点：底盘二级维护作业内容	2
				（2）检查、调整离合器踏板自由行程	1）离合器踏板自由行程的功用 2）离合器踏板自由行程的检查 3）离合器踏板自由行程的调整	（1）方法：讲授法、实训法、演示法 （2）重点与难点：离合器踏板自由行程的调整方法和技术要求	4
		1-2-2 能检查万向节、传动轴工作情况	（1）检查万向节工作情况 （2）检查传动轴工作情况	（3）检查万向节、传动轴工作情况	1）万向节、传动轴的功用、类型 2）检查万向节工作情况 3）检查传动轴工作情况	（1）方法：讲授法、实训法、演示法 （2）重点与难点：万向节、传动轴的检查方法和技术要求	4
		1-2-3 能检查、调整转向拉杆及球头	（1）检查转向拉杆及球头 （2）调整转向杆	（4）检查与调整转向拉杆及球头	1）转向拉杆及球头的功用与类型 2）转向拉杆及球头的检查 3）调整转向杆	（1）方法：讲授法、实训法、演示法 （2）重点与难点：转向拉杆及球头的调整方法和技术要求	4
		1-2-4 能检查悬架弹簧、减振器性能	（1）检查悬架弹簧性能 （2）检查减振器性能	（5）检查悬架弹簧、减振器性能	1）悬架弹簧、减振器功用与类型 2）悬架弹簧性能的检查 3）减振器性能的检查	（1）方法：讲授法、实训法、演示法 （2）重点与难点：悬架弹簧、减振器的检查方法和技术要求	4
		1-2-5 能检查、调整轮毂轴承间隙	（1）检查轮毂轴承间隙 （2）调整轮毂轴承间隙	（6）检查、调整轮毂轴承间隙	1）轮毂轴承的功用与类型 2）轮毂轴承间隙的检查 3）轮毂轴承间隙的调整	（1）方法：讲授法、实训法、演示法 （2）重点与难点：轮毂轴承间隙的调整方法和技术要求	4

续表

2.1.3 中级职业技能培训要求				2.2.3 中级职业技能培训课程规范			
职业功能模块（模块）	培训内容（课程）	技能目标	培训细目	学习单元	课程内容	培训建议	课堂学时
1．汽车维护	1–2 底盘维护	1–2–6 能检查、调整制动器和更换制动片	（1）检查与调整制动器 （2）更换制动片	（7）检查、调整制动器和更换制动片	1）制动器的功用与类型 2）制动器的检查与调整 3）制动片的更换	（1）方法：讲授法、实训法、演示法 （2）重点与难点：制动器的调整方法和技术要求	6
2．检修发动机	2–1 诊断参数检测	2–1–1 能检测进气歧管真空度	（1）检测进气歧管真空度	（1）检测进气歧管真空度	1）真空表的类型、作用及使用方法 2）进气歧管真空度的检测方法及要求	（1）方法：讲授法、演示法、实训法 （2）重点与难点：进气歧管真空度测量方法及要求	2
		2–1–2 能检测汽油机燃油压力	（1）检测汽油机燃油压力	（2）检测汽油机燃油压力	1）燃油压力表的类型、作用及使用方法 2）汽油机燃油压力的检测	（1）方法：讲授法、演示法、实训法 （2）重点与难点：燃油压力的测量方法及要求	2
		2–1–3 能检测汽车尾气排放	（1）检测汽车尾气排放	（3）检测汽车尾气排放	1）尾气分析仪的类型、作用及使用方法 2）汽车尾气排放的检测	（1）方法：讲授法、演示法、实训法 （2）重点与难点：汽车尾气的检测方法和技术要求	4
		2–1–4 能使用汽车故障电脑诊断仪	（1）使用汽车故障电脑诊断仪	（4）使用汽车故障电脑诊断仪	1）汽车故障电脑诊断仪类型、功用 2）故障电脑诊断仪操作方法及故障码相关知识 3）就车使用故障诊断仪	（1）方法：讲授法、演示法、实训法 （2）重点与难点：故障电脑诊断仪操作方法及故障码相关知识	4
	2–2 检修曲柄连杆机构	2–2–1 能拆装、检查气缸体及气缸	（1）拆卸气缸体及气缸 （2）气缸体及气缸的清洁与检查 （3）气缸体及气缸的安装与调整	（1）拆检气缸体及气缸	1）气缸体及气缸的组成及工作原理 2）气缸体及气缸的分解 3）气缸体及气缸的检查 4）气缸体及气缸的安装与调整	（1）方法：讲授法、演示法、实训法 （2）重点与难点：气缸体及气缸的检查	4

续表

2.1.3 中级职业技能培训要求				2.2.3 中级职业技能培训课程规范			
职业功能模块（模块）	培训内容（课程）	技能目标	培训细目	学习单元	课程内容	培训建议	课堂学时
2．检修发动机	2-2 检修曲柄连杆机构	2-2-2 能拆装、检查活塞、活塞环及活塞销	(1) 拆卸活塞、活塞环及活塞销 (2) 活塞、活塞环及活塞销的清洁与检查 (3) 活塞、活塞环及活塞销的安装与调整	(2) 拆检活塞、活塞环及活塞销	1) 活塞、活塞环及活塞销的组成及工作原理 2) 活塞、活塞环及活塞销的分解 3) 活塞、活塞环及活塞销的检查 4) 活塞、活塞环及活塞销的安装与调整	(1) 方法：讲授法、演示法、实训法 (2) 重点与难点：活塞、活塞环及活塞销的检查	4
		2-2-3 能拆装、检查连杆及轴承	(1) 拆卸连杆及轴承 (2) 连杆及轴承的清洁与检查 (3) 连杆及轴承的安装与调整	(3) 拆检连杆及轴承	1) 连杆及轴承的组成及工作原理 2) 连杆及轴承的分解 3) 连杆及轴承的检查 4) 连杆及轴承的安装与调整	(1) 方法：讲授法、演示法、实训法 (2) 重点与难点：连杆及轴承检查	4
		2-2-4 能拆装、检查飞轮、曲轴及轴承	(1) 拆卸飞轮、曲轴及轴承 (2) 飞轮、曲轴及轴承的清洁与检查 (3) 飞轮、曲轴及轴承的安装与调整	(4) 拆检飞轮、曲轴及轴承	1) 飞轮、曲轴及轴承的组成及工作原理 2) 飞轮、曲轴及轴承的分解 3) 飞轮、曲轴及轴承的检查 4) 飞轮、曲轴及轴承的安装与调整	(1) 方法：讲授法、演示法、实训法 (2) 重点与难点：飞轮、曲轴及轴承的检查	4
	2-3 检修配气机构	2-3-1 能拆装、检查凸轮轴	(1) 拆卸凸轮轴 (2) 凸轮轴的清洁与检查 (3) 凸轮轴的安装与调整	(1) 拆检凸轮轴	1) 凸轮轴的组成及工作原理 2) 凸轮轴的分解 3) 凸轮轴的检查 4) 凸轮轴的安装与调整	(1) 方法：讲授法、演示法、实训法 (2) 重点与难点：凸轮轴的安装与调整	4

续表

2.1.3 中级职业技能培训要求				2.2.3 中级职业技能培训课程规范			
职业功能模块（模块）	培训内容（课程）	技能目标	培训细目	学习单元	课程内容	培训建议	课堂学时
2．检修发动机	2-3 检修配气机构	2-3-2 能拆装、检查气门组件	（1）拆卸气门组件 （2）气门组件的清洁与检查 （3）气门组件的安装与调整	（2）拆检气门组件	1）气门组件的组成及工作原理 2）气门组件的分解 3）气门组件的检查 4）气门组件的安装与调整	（1）方法：讲授法、演示法、实训法 （2）重点与难点：气门组件的安装与调整	4
		2-3-3 能拆装、检查气缸盖	（1）拆卸气缸盖 （2）气缸盖的清洁与检查 （3）气缸盖的安装与调整	（3）拆检气缸盖	1）气缸盖的组成 2）气缸盖的分解 3）气缸盖的检查 4）气缸盖的安装与调整	（1）方法：讲授法、演示法、实训法 （2）重点与难点：气缸盖的安装与调整	4
	2-4 检修燃油、电控系统	2-4-1 能检测燃油供给系统	（1）拆卸燃油供给系统 （2）燃油供给系统的清洁与检查 （3）燃油供给系统的安装与调整	（1）检测燃油供给系统	1）燃油供给系统的类型、组成、功用及安装位置 2）燃油供给系统的拆卸 3）燃油供给系统的检测 4）燃油供给系统的安装与调整	（1）方法：讲授法、演示法、实训法 （2）重点与难点：燃油供给系统检测方法及技术要求	4
		2-4-2 能检测各传感器性能	（1）拆卸各传感器 （2）各传感器的清洁与检查 （3）各传感器的安装与调整	（2）检测各传感器性能	1）传感器的类型、组成、功用及安装位置 2）温度、位置等传感器的拆卸 3）温度、位置等传感器的检测 4）温度、位置等传感器的安装与调整	（1）方法：讲授法、演示法、实训法 （2）重点与难点：温度、位置等传感器的检测	12

续表

2.1.3 中级职业技能培训要求				2.2.3 中级职业技能培训课程规范			
职业功能模块（模块）	培训内容（课程）	技能目标	培训细目	学习单元	课程内容	培训建议	课堂学时
2．检修发动机	2-4 检修燃油、电控系统	2-4-3 能检测各执行器性能	（1）拆卸各执行器 （2）各执行器的清洁与检查 （3）各执行器的安装与调整	（3）检测各执行器性能	1）执行器的类型、组成、功用及安装位置 2）喷油器等执行器的拆卸 3）喷油器等执行器的检测 4）喷油器等执行器的安装与调整	（1）方法：讲授法、演示法、实训法 （2）重点与难点：喷油器等执行器的检测	8
		2-4-4 能检测点火系统电路	（1）识读点火系统电路 （2）检测点火系统电路	（4）检测点火系统电路	1）点火系统电路的识读 2）点火系统电路的检修	（1）方法：讲授法、演示法、实训法 （2）重点与难点：点火系统电路的检修	4
	2-5 检修润滑和冷却系统	2-5-1 能检测机油压力及调节阀工作情况	（1）检测机油压力 （2）检测机油压力调节阀工作情况	（1）检测机油压力	1）润滑系统的类型、组成、功用及安装位置 2）检测机油压力及调节阀工作情况	（1）方法：讲授法、演示法、实训法 （2）重点与难点：检测机油压力及调节阀工作情况	2
		2-5-2 能检查水泵密封性	（1）检查水泵密封性	（2）检查水泵密封性	1）冷却系统类型、组成及作用 2）水泵的类型、组成、功用及安装位置 3）水泵密封性的检查	（1）方法：讲授法、演示法、实训法 （2）重点与难点：水泵密封性的检查	2
		2-5-3 能检测节温器工作情况	（1）检测节温器的工作情况	（3）检测节温器工作状况	1）节温器的类型、组成、功用及安装位置 2）检测节温器的工作情况	（1）方法：讲授法、演示法、实训法 （2）重点与难点：检测节温器的工作情况	2

续表

2.1.3 中级职业技能培训要求				2.2.3 中级职业技能培训课程规范			
职业功能模块（模块）	培训内容（课程）	技能目标	培训细目	学习单元	课程内容	培训建议	课堂学时
2. 检修发动机	2-5 检修润滑和冷却系统	2-5-4 能检测冷却风扇、温控开关工作情况	(1) 检测冷却风扇、温控开关	(4) 检测冷却风扇、温控开关工作情况	1) 冷却风扇、温控开关的类型、组成、功用及安装位置 2) 检测冷却风扇、温控开关的工作情况	(1) 方法：讲授法、演示法、实训法 (2) 重点与难点：检测冷却风扇、温控开关的工作情况	2
	2-6 检修进、排气系统	2-6-1 能拆装废气涡轮增压器	(1) 拆卸废气涡轮增压器 (2) 废气涡轮增压器的安装与调整	(1) 拆检废气涡轮增压器	1) 废气涡轮增压器的类型、组成、功用及安装位置 2) 废气涡轮增压器的拆卸 3) 废气涡轮增压器的检查 4) 废气涡轮增压器的安装与调整	(1) 方法：讲授法、演示法、实训法 (2) 重点与难点：废气涡轮增压器的安装与调整	4
		2-6-2 能检查废气涡轮增压器工作性能	(1) 检查废气涡轮增压器工作性能				
		2-6-3 能检测进气系统密封性	(1) 检测进气系统密封性	(2) 检测进气系统密封性	1) 进气系统的类型及工作原理 2) 检测进气系统的密封性	(1) 方法：讲授法、演示法、实训法 (2) 重点与难点：检测进气系统的密封性	2
		2-6-4 能检测排气阻力	(1) 检测排气系统的排气阻力	(3) 检测排气系统的排气阻力	1) 排气系统的类型及工作原理 2) 检测排气系统的排气阻力	(1) 方法：讲授法、演示法、实训法 (2) 重点与难点：检测排气系统的排气阻力	2
3. 检修底盘	3-1 检修传动系统	3-1-1 能拆装离合器总成	(1) 拆卸离合器总成 (2) 安装离合器总成	(1) 更换离合器总成	1) 传动系统功用、类型、结构组成及工作原理 2) 离合器的类型、功用及安装位置 3) 离合器总成的拆卸 4) 离合器总成的安装与调整	(1) 方法：讲授法、演示法、实训法 (2) 重点：离合器的结构及总成更换操作 (3) 难点：离合器总成更换的操作与注意事项	4

续表

2.1.3　中级职业技能培训要求				2.2.3　中级职业技能培训课程规范			
职业功能模块（模块）	培训内容（课程）	技能目标	培训细目	学习单元	课程内容	培训建议	课堂学时
3．检修底盘	3–1　检修传动系统	3–1–2　能拆装手动变速器总成	（1）拆卸手动变速器总成 （2）安装手动变速器总成	（2）更换手动变速器总成	1）手动变速器的功用、类型、结构及安装位置 2）手动变速器总成的拆卸 3）手动变速器总成的安装	（1）方法：讲授法、演示法、实训法 （2）重点：手动变速器的结构、功用及总成更换操作 （3）难点：手动变速器的总成更换操作与注意事项	6
		3–1–3　能拆装万向传动装置	（1）拆卸万向传动装置总成 （2）安装万向传动装置总成	（3）更换万向传动装置总成	1）万向传动装置的功用、组成及安装位置 2）万向传动装置总成的拆卸 3）万向传动装置总成的安装	（1）方法：讲授法、演示法、实训法 （2）重点：万向传动装置总成的组成及更换操作 （3）难点：万向传动装置总成的更换操作与注意事项	2
		3–1–4　能拆装主减速器及差速器总成	（1）拆卸主减速器及差速器总成 （2）安装主减速器及差速器总成	（4）更换主减速器及差速器总成	1）主减速器及差速器总成的功用、类型及安装位置 2）主减速器及差速器总成的拆卸 3）主减速器及差速器总成的安装与检查	（1）方法：讲授法、演示法、实训法 （2）重点：主减速器及差速器功用类型及总成更换操作 （3）难点：主减速器及差速器总成更换操作与技术要求	6
		3–1–5　能更换自动变速器油、滤芯	（1）更换自动变速器油 （2）更换自动变速器滤芯	（5）更换自动变速器油和滤芯	1）自动变速器功用、类型及型号 2）自动变速器油、滤芯的类型、功用及型号 3）自动变速器油的更换 4）自动变速器滤芯的更换	（1）方法：讲授法、演示法、实训法 （2）重点与难点：更换自动变速器油和滤芯的步骤与注意事项	4

续表

2.1.3　中级职业技能培训要求				2.2.3　中级职业技能培训课程规范			
职业功能模块（模块）	培训内容（课程）	技能目标	培训细目	学习单元	课程内容	培训建议	课堂学时
3．检修底盘	3-2　检修行驶系统	3-2-1　能更换轮毂轴承	(1) 轮毂轴承的拆卸 (2) 轮毂轴承的装配与调整	(1) 更换轮毂轴承	1）行驶系的功用、结构组成及工作原理 2）轮毂轴承的功用、型号、结构组成及安装位置 3）轮毂轴承的拆卸 4）轮毂轴承的安装及调整	(1) 方法：讲授法、实物示教法、实训法 (2) 重点：轮毂轴承的结构组成及拆装 (3) 难点：轮毂轴承的拆装	4
		3-2-2　能进行车轮定位	(1) 四轮定位仪的使用 (2) 汽车四轮定位检查	(2) 四轮定位检查	1）车轮定位的类型、定位参数的含义、功用及失效影响 2）四轮定位仪操作规程 3）汽车四轮定位检查与调整	(1) 方法：讲授法、演示法 (2) 重点：车轮定位含义与四轮定位检查 (3) 难点：汽车四轮定位检查	6
		3-2-3　能进行车轮动平衡检查	(1) 车轮动平衡仪的使用 (2) 车轮动平衡的检查	(3) 车轮动平衡检查	1）车轮的结构组成 2）车轮平衡的类型 3）车轮动平衡机操作规程 4）车轮动平衡的检查及调整	(1) 方法：讲授法、演示法 (2) 重点：车轮结构组成与车轮动平衡检查及调整 (3) 难点：车轮动平衡检查与调整	4
		3-2-4　能更换轮胎	(1) 用拆胎机拆装轮胎	(4) 更换轮胎	1）轮胎的结构组成及型号 2）拆胎机的操作规程 3）用拆胎机拆卸轮胎 4）用拆胎机安装轮胎	(1) 方法：讲授法、演示法 (2) 重点：轮胎的结构组成及用拆胎机拆装轮胎 (3) 难点：用拆胎机拆装轮胎	4

续表

2.1.3 中级职业技能培训要求				2.2.3 中级职业技能培训课程规范			
职业功能模块（模块）	培训内容（课程）	技能目标	培训细目	学习单元	课程内容	培训建议	课堂学时
3. 检修底盘	3-3 检修转向系统	3-3-1 能更换转向器总成	（1）转向器总成的拆卸 （2）转向器总成的安装与检查	（1）更换转向器总成	1）转向系统的工作原理 2）机械、液压及电动转向器的功用、类型及组成 3）转向器总成的拆卸 ①机械转向器的拆卸 ②液压助力转向器的拆卸 ③电动助力转向器的拆卸 4）机械、液压及电动转向器的安装与检查	（1）方法：讲授法、演示法 （2）重点：机械、液压及电动三类动力转向器总成的功用类型及总成拆装 （3）难点：机械、液压及电动三类动力转向器总成的拆装	6
		3-3-2 能更换转向传动机构	（1）转向传动机构的拆卸 （2）转向传动机构的安装与检查	（2）更换转向传动机构	1）转向传动机构的结构与组成 2）转向传动机构的拆卸 3）转向传动机构安装与检查	（1）方法：讲授法、演示法 （2）重点：转向传动机构结构组成及拆装检查 （3）难点：转向传动机构拆装与检查	4
	3-4 检修制动系统	3-4-1 能更换制动主缸或制动控制阀	（1）制动主缸或制动控制阀的拆卸 （2）制动主缸或制动控制阀的安装与检查	（1）更换制动主缸或制动控制阀	1）制动系统的工作原理 2）制动主缸或制动控制阀的结构原理 3）制动主缸或制动控制阀的拆卸 4）制动主缸或制动控制阀的安装与检查	（1）方法：讲授法、演示法、实训法 （2）重点：制动主缸或制动控制阀总成的结构原理及拆装 （3）难点：制动主缸或制动控制阀总成的拆装	6
		3-4-2 能更换制动助力器总成	（1）拆卸制动助力器总成 （2）安装制动助力器总成	（2）更换制动助力器总成	1）制动助力器总成的功用、结构组成及工作原理 2）制动助力器总成的拆卸 3）制动助力器总成的安装与检查	（1）方法：讲授法、演示法 （2）重点：制动助力器总成的结构原理及拆装检查 （3）难点：制动助力器总成的拆装与检查	8

续表

2.1.3 中级职业技能培训要求				2.2.3 中级职业技能培训课程规范			
职业功能模块（模块）	培训内容（课程）	技能目标	培训细目	学习单元	课程内容	培训建议	课堂学时
3．检修底盘	3-4 检修制动系统	3-4-3 能检修制动器总成	(1) 盘（鼓）式制动器的拆卸 (2) 盘（鼓）式制动器的清洗与检查 (3) 盘（鼓）式制动器的安装与调整	(3) 检修制动器总成	1）鼓式制动器的检修 ①鼓式制动器的结构组成及原理 ②鼓式制动器的分解 ③鼓式制动器的检查 ④鼓式制动器的安装与调整 2）盘式制动器的检修 ①盘式制动器的结构组成及工作原理 ②盘式制动器的分解 ③盘式制动器的检查 ④盘式制动器的安装与调整	(1) 方法：讲授法、演示法、实训法 (2) 重点：盘式制动器与鼓式制动器的结构原理及拆装检查 (3) 难点：盘式与鼓式制动器的拆卸、检查、安装及调试	4
		3-4-4 能检修驻车制动装置总成	(1) 驻车制动装置的拆卸 (2) 驻车制动装置的清洗与检查 (3) 驻车制动装置的安装与调整	(4) 检修驻车制动装置	1）驻车制动装置的结构组成及工作原理 2）驻车制动装置的分解 3）驻车制动装置的检查 4）驻车制动装置的安装与调整	(1) 方法：讲授法、演示法、实训法 (2) 重点：驻车制动装置的结构原理及拆装检查 (3) 难点：驻车制动装置的拆装、检查及调整	4
4．检修汽车电器	4-1 检修蓄电池	4-1-1 能就车判断蓄电池性能	(1) 检查蓄电池电解液液面高度 (2) 检查蓄电池放电程度	(1) 检查蓄电池	1）蓄电池的结构及工作原理 2）蓄电池技术状况的检查 3）蓄电池电解液液面高度的检查 4）蓄电池性能的检查与判断	(1) 方法：讲授法、演示法、实训法 (2) 重点：蓄电池技术状况检查 (3) 难点：蓄电池性能的判断	2
		4-1-2 能对蓄电池进行充电	(1) 蓄电池充电	(2) 蓄电池充电	1）蓄电池充电及检查 2）蓄电池充电注意事项	(1) 方法：演示法、实训法 (2) 重点：蓄电池充电 (3) 难点：蓄电池充电检查	2

续表

2.1.3 中级职业技能培训要求				2.2.3 中级职业技能培训课程规范			
职业功能模块（模块）	培训内容（课程）	技能目标	培训细目	学习单元	课程内容	培训建议	课堂学时
4．检修汽车电器	4-2 检修起动机	4-2-1 能就车判断起动机性能	（1）检查判断起动机性能	（1）检查判断起动机性能	1）起动系统的组成、作用及工作原理 2）起动机就车性能的检查与判断	（1）方法：讲授法、演示法、实训法 （2）重点：起动机就车性能的检查 （3）难点：起动机就车性能的判断	2
		4-2-2 能检修起动机总成	（1）拆卸起动机总成 （2）检修起动机部件 （3）安装起动机总成	（2）检修起动机总成	1）起动机组成及工作原理、各部件的功用及组成 2）起动机总成分解 3）起动机各部件的检查 4）起动机总成的装配、检查	（1）方法：讲授法、演示法、实训法 （2）重点：起动机总成的检修 （3）难点：起动机总成的检查	4
		4-2-3 能检修起动机系统线路	（1）识读起动机系统电路 （2）检修起动机系统线路	（3）检修起动机系统线路	1）起动机系统电路的识读 2）起动机系统线路的检修	（1）方法：讲授法、演示法、实训法 （2）重点：起动机系统线路的检修 （3）难点：起动机系统线路的识读	2
	4-3 检修充电系统	4-3-1 能就车判断发电机性能	（1）检查判断发电机性能	（1）检查判断发电机性能	1）充电系统的组成、作用与工作原理 2）发电机就车性能的检查与判断	（1）方法：讲授法、演示法、实训法 （2）重点：发电机就车性能的检查 （3）难点：发电机就车性能的判断	2
		4-3-2 能检修发电机总成	（1）拆卸发电机总成 （2）检修发电机部件 （3）安装发电机总成	（2）检修发电机总成	1）发电机组成及工作原理，发电机各部件的功用、组成 2）发电机总成的分解 3）发电机各部件的检查 4）发电机总成的装配与检查	（1）方法：讲授法、演示法、实训法 （2）重点：发电机总成的检修 （3）难点：发电机总成的检查	4

续表

2.1.3 中级职业技能培训要求				2.2.3 中级职业技能培训课程规范			
职业功能模块（模块）	培训内容（课程）	技能目标	培训细目	学习单元	课程内容	培训建议	课堂学时
4．检修汽车电器	4-3 检修充电系统	4-3-3 能检修充电系统线路	（1）识读充电系统电路 （2）检修充电系统线路	（3）检修充电系统线路	1）充电系统电路的识读 2）充电系统线路的检修	（1）方法：讲授法、演示法、实训法 （2）重点：起动机系统线路的检修 （3）难点：充电系统电路的识读	2
	4-4 检修照明、信号及仪表系统	4-4-1 能检修照明线路及元件	（1）识读照明系统电路 （2）检修照明系统线路 （3）更换照明系统线路中的各元件	（1）检修照明系统线路及元件	1）照明系统的组成及原理 2）照明系统电路的识读 3）照明系统元件的检查 4）照明系统线路及元件的检修	（1）方法：讲授法、演示法、实训法 （2）重点与难点：检修照明系统线路	6
		4-4-2 能检修信号系统线路及元件	（1）识读信号系统电路 （2）检修信号系统线路 （3）更换信号线路中的各元件	（2）检修信号系统线路及元件	1）信号系统的组成及原理 2）信号系统电路的识读 3）信号系统元件的检查 4）信号系统线路及元件的检修	（1）方法：讲授法、演示法、实训法 （2）重点与难点：检修信号系统线路	6
		4-4-3 能检修仪表线路	（1）识读仪表系统电路 （2）检修仪表系统线路 （3）更换仪表线路中的各元件	（3）检修仪表系统线路	1）仪表系统的组成及原理 2）仪表系统电路的识读 3）仪表系统元件的检查 4）仪表系统线路的检修	（1）方法：讲授法、演示法、实训法 （2）重点与难点：检修仪表系统线路	4
	4-5 检修辅助电器系统	4-5-1 能检查、更换电动车窗电机	（1）更换电动车窗电机 （2）更换车窗开关	（1）更换车窗电机及开关	1）辅助电器系统的组成与工作原理 2）车窗系统的组成及原理 3）车窗电机及开关的检查 4）车窗电机及开关的更换	（1）方法：讲授法、演示法、实训法 （2）重点与难点：车窗电机的更换	6

续表

2.1.3 中级职业技能培训要求				2.2.3 中级职业技能培训课程规范			
职业功能模块（模块）	培训内容（课程）	技能目标	培训细目	学习单元	课程内容	培训建议	课堂学时
4．检修汽车电器	4-5 检修辅助电器系统	4-5-2 能检查、更换门锁电机及开关	（1）更换门锁电机 （2）更换门锁开关	（2）更换门锁电机及开关	1）门锁系统的组成及原理 2）门锁电机及开关的检查 3）门锁电机及开关的更换	（1）方法：讲授法、演示法、实训法 （2）重点与难点：门锁电机的更换	6
		4-5-3 能检查、更换电动后视镜及开关	（1）更换电动后视镜 （2）更换电动后视镜开关	（3）更换电动后视镜及开关	1）电动后视镜的组成及原理 2）电动后视镜及开关的检查 3）电动后视镜及开关的更换	（1）方法：讲授法、演示法、实训法 （2）重点与难点：电动后视镜开关的更换	6
		4-5-4 能检查、更换雨刷电机及开关	（1）更换雨刷电机 （2）更换雨刷开关	（4）更换雨刷电机及开关	1）雨刷系统的组成及原理 2）雨刷电机及开关的检查 3）雨刷电机及开关的更换	（1）方法：讲授法、演示法、实训法 （2）重点与难点：雨刷开关的更换	6
		4-5-5 能检查、更换音响娱乐系统	（1）更换音响娱乐系统主机 （2）更换音响喇叭	（5）更换音响娱乐系统	1）音响娱乐系统的组成及原理 2）音响娱乐系统主机及喇叭的检查 3）音响娱乐系统的更换	（1）方法：讲授法、演示法、实训法 （2）重点与难点：音响娱乐系统的更换	8
		4-5-6 能检查、更换电动座椅电机及控制开关	（1）更换电动座椅电机 （2）更换电动座椅开关	（6）更换座椅电机及开关	1）座椅系统的组成及原理 2）座椅电机及开关的检查 3）座椅电机及开关的更换	（1）方法：讲授法、演示法、实训法 （2）重点与难点：座椅电机的更换	8
	4-6 检修空调制冷系统	4-6-1 能检查空调压缩机电磁离合器	（1）拆卸空调压缩机电磁离合器 （2）安装空调压缩机电磁离合器	（1）更换空调压缩机电磁离合器	1）空调系统的组成及工作原理 2）电磁离合器的组成及原理 3）空调压缩机电磁离合器的拆卸 4）空调压缩机电磁离合器的检查 5）空调压缩机电磁离合器的装配	（1）方法：讲授法、演示法、实训法 （2）重点与难点：空调压缩机电磁离合器的检修	8

续表

2.1.3 中级职业技能培训要求				2.2.3 中级职业技能培训课程规范			
职业功能模块（模块）	培训内容（课程）	技能目标	培训细目	学习单元	课程内容	培训建议	课堂学时
4．检修汽车电器	4-6 检修空调制冷系统	4-6-2 能检查空调制冷循环系统性能	（1）检查空调制冷循环系统有无泄漏 （2）检查空调制冷循环系统压力 （3）加注空调制冷剂	（2）检修空调制冷循环系统	1）空调制冷循环系统的组成及原理 2）空调制冷循环系统的检漏方法及维修措施 3）空调制冷循环系统的检漏 4）空调制冷循环系统的压力检查 5）空调制冷循环系统加注补给作业 6）空调压力表、冷媒加注回收机的操作规程	（1）方法：讲授法、演示法、实训法 （2）重点与难点：空调制冷循环系统加注补给作业	8
		4-6-3 能检查、更换制冷系统各组件（膨胀阀、冷凝器、储液干燥过滤器）	（1）检查制冷系统各组件 （2）更换制冷系统各组件	（3）更换制冷系统各组件	1）制冷系统各组件的作用及工作原理 2）制冷系统各组件的检查 3）制冷系统各组件的更换	（1）方法：讲授法、演示法、实训法 （2）重点与难点：制冷系统各组件的更换	8
	4-7 拆装空调取暖和通风系统	4-7-1 能拆装热水阀	（1）拆卸热水阀 （2）安装热水阀	（1）更换热水阀	1）空调取暖和通风系统组成与工作原理 2）热水阀的拆卸 3）热水阀的安装	（1）方法：讲授法、演示法、实训法 （2）重点与难点：通风系统工作原理	2
		4-7-2 能拆装鼓风机和通风装置	（1）拆装鼓风机 （2）拆装通风装置	（2）更换鼓风机和通风装置	1）鼓风机的功用、原理及安装位置 2）鼓风机的拆卸与安装 3）通风装置的拆卸与安装	（1）方法：讲授法、演示法、实训法 （2）重点与难点：鼓风机的更换	4
5．电动汽车检修	5-1 电动汽车维护	5-1-1 能进行电动汽车定期维护	（1）进行电动汽车一级维护作业 （2）进行电动汽车二级维护作业	（1）进行电动汽车定期维护	1）电动汽车一级维护作业项目 2）电动汽车二级维护作业项目	（1）方法：演示法、实训法 （2）重点与难点：电动汽车一级、二级维护作业规范	12

续表

<table>
<tr><td colspan="4">2.1.3 中级职业技能培训要求</td><td colspan="4">2.2.3 中级职业技能培训课程规范</td></tr>
<tr><td>职业功能模块（模块）</td><td>培训内容（课程）</td><td>技能目标</td><td>培训细目</td><td>学习单元</td><td>课程内容</td><td>培训建议</td><td>课堂学时</td></tr>
<tr><td rowspan="7">5．电动汽车检修</td><td rowspan="2">5-2 检修动力电池总成</td><td>5-2-1 能进行动力电池箱的外观检查</td><td>（1）检查动力电池箱的外观</td><td rowspan="2">（1）检查与更换动力电池箱</td><td>1）动力电池箱的外观检查</td><td rowspan="2">（1）方法：演示法、实训法
（2）重点与难点：动力电池箱的拆装</td><td rowspan="2">4</td></tr>
<tr><td>5-2-2 能拆装动力电池箱</td><td>（1）拆卸动力电池箱
（2）安装动力电池箱</td><td>2）动力电池箱的拆装</td></tr>
<tr><td rowspan="5">5-3 检修高压附件</td><td rowspan="5">5-3-1 能进行高压附件的检查与更换</td><td rowspan="5">（1）更换车载充电机
（2）更换 DC/DC 转换器
（3）更换高压控制盒
（4）更换高压线束
（5）更换外部高压熔丝</td><td rowspan="5">（1）检查与更换高压附件</td><td>1）车载充电机的检查与更换</td><td rowspan="5">（1）方法：演示法、实训法
（2）重点与难点：各高压附件的检查与更换</td><td rowspan="5">8</td></tr>
<tr><td>2）DC/DC 转换器的检查与更换</td></tr>
<tr><td>3）高压控制盒的检查与更换</td></tr>
<tr><td>4）高压线束的检查与更换</td></tr>
<tr><td>5）外部高压熔丝的检查与更换</td></tr>
<tr><td colspan="7">课堂学时合计</td><td>330</td></tr>
</table>

附录 4　高级职业技能培训要求与课程规范对照表

<table>
<tr><td colspan="4">2.1.4 高级职业技能培训要求</td><td colspan="4">2.2.4 高级职业技能培训课程规范</td></tr>
<tr><td>职业功能模块（模块）</td><td>培训内容（课程）</td><td>技能目标</td><td>培训细目</td><td>学习单元</td><td>课程内容</td><td>培训建议</td><td>课堂学时</td></tr>
<tr><td rowspan="4">1．检修发动机</td><td rowspan="4">1-1 发动机大修</td><td rowspan="4">1-1-1 能进行发动机总成大修</td><td rowspan="4">（1）发动机总成的吊装与分解
（2）发动机总成各部件的清洁与检查
（3）发动机总成的组装与调整</td><td rowspan="4">（1）进行发动机总成大修</td><td>1）发动机总成的吊装与分解</td><td rowspan="4">（1）方法：项目教学法、实训法
（2）重点与难点：发动机总成的吊装与分解</td><td rowspan="4">18</td></tr>
<tr><td>2）发动机总成及各部件的清洁与检查</td></tr>
<tr><td>3）发动机各分总成的组装与调整</td></tr>
<tr><td>4）发动机总成大修工艺规程及技术要求</td></tr>
</table>

续表

<table>
<tr><th colspan="4">2.1.4　高级职业技能培训要求</th><th colspan="4">2.2.4　高级职业技能培训课程规范</th></tr>
<tr><th>职业功能模块（模块）</th><th>培训内容（课程）</th><th>技能目标</th><th>培训细目</th><th>学习单元</th><th>课程内容</th><th>培训建议</th><th>课堂学时</th></tr>
<tr><td rowspan="10">1. 检修发动机</td><td rowspan="2">1-1 发动机大修</td><td rowspan="2">1-1-2 能进行发动机竣工检验</td><td rowspan="2">（1）进行发动机竣工检验</td><td rowspan="2">（2）进行发动机竣工检验</td><td>1）发动机大修竣工的检验</td><td rowspan="2">（1）方法：项目教学法、实训法
（2）重点与难点：发动机大修竣工的检验</td><td rowspan="2">4</td></tr>
<tr><td>2）发动机竣工检验标准及条件</td></tr>
<tr><td rowspan="8">1-2 诊断排除发动机异响故障</td><td rowspan="3">1-2-1 能诊断排除气门脚、挺柱异响</td><td rowspan="3">（1）确认气门脚、挺柱异响的故障现象
（2）分析气门脚、挺柱异响的故障原因
（3）诊断排除气门脚、挺柱异响故障</td><td rowspan="3">（1）诊断排除气门脚、挺柱异响</td><td>1）气门脚、挺柱异响的故障现象</td><td rowspan="3">（1）方法：项目教学法、实训法、对比法
（2）重点与难点：气门脚、挺柱异响的诊断分析及排除</td><td rowspan="3">4</td></tr>
<tr><td>2）气门脚、挺柱异响故障诊断方法</td></tr>
<tr><td>3）气门脚、挺柱异响故障诊断排除
①故障现象确认
②故障原因分析
③故障诊断流程确认
④故障诊断排除作业</td></tr>
<tr><td rowspan="3">1-2-2 能诊断排除连杆轴承、曲轴轴承异响</td><td rowspan="3">（1）连杆轴承、曲轴轴承异响故障现象
（2）分析连杆轴承、曲轴轴承异响的故障原因
（3）诊断排除连杆轴承、曲轴轴承异响故障</td><td rowspan="3">（2）诊断排除连杆轴承、曲轴轴承异响</td><td>1）连杆轴承、曲轴轴承异响的故障现象</td><td rowspan="3">（1）方法：项目教学法、实训法
（2）重点与难点：连杆轴承、曲轴轴承异响故障的诊断分析及排除</td><td rowspan="3">4</td></tr>
<tr><td>2）连杆轴承、曲轴轴承异响故障诊断方法</td></tr>
<tr><td>3）连杆轴承、曲轴轴承异响故障诊断排除
①故障现象确认
②故障原因分析
③故障诊断流程确认
④故障诊断排除作业</td></tr>
<tr><td rowspan="2">1-2-3 能诊断排除活塞敲缸、活塞销异响</td><td rowspan="2">（1）确认活塞敲缸、活塞销异响故障现象</td><td rowspan="2">（3）诊断排除活塞敲缸、活塞销敲击异响</td><td>1）活塞敲缸、活塞销异响的故障现象</td><td rowspan="2">（1）方法：项目教学法、实训法</td><td rowspan="2">4</td></tr>
<tr><td>2）活塞敲缸、活塞销异响故障诊断方法</td></tr>
</table>

续表

2.1.4 高级职业技能培训要求				2.2.4 高级职业技能培训课程规范			
职业功能模块（模块）	培训内容（课程）	技能目标	培训细目	学习单元	课程内容	培训建议	课堂学时
1．检修发动机	1–2 诊断排除发动机异响故障	1–2–3 能诊断排除活塞敲缸、活塞销异响	（2）分析活塞敲缸、活塞销异响的故障原因 （3）诊断排除活塞敲缸、活塞销异响故障	（3）诊断排除活塞敲缸、活塞销敲击异响	3）活塞敲缸、活塞销异响故障诊断排除 ①故障现象确认 ②故障原因分析 ③故障诊断流程确认 ④故障诊断排除作业	（2）重点与难点：活塞敲缸、活塞销异响故障的诊断分析及排除	
	1–3 诊断排除发动机控制系统故障	1–3–1 能诊断排除燃油压力不足故障	（1）确认燃油压力不足故障现象 （2）分析燃油压力不足的故障原因 （3）诊断排除燃油压力不足故障	（1）诊断排除燃油压力不足故障	1）燃油压力不足的故障现象	（1）方法：项目教学法、实训法 （2）重点与难点：燃油压力不足故障的诊断分析及排除	6
					2）燃油压力不足故障诊断方法		
					3）燃油压力不足故障诊断排除 ①故障现象确认 ②故障原因分析 ③故障诊断流程确认 ④故障诊断排除作业		
		1–3–2 能诊断排除发动机怠速不稳故障	（1）确认发动机怠速不稳故障现象 （2）分析发动机怠速不稳的故障原因 （3）诊断排除发动机怠速不稳故障	（2）诊断排除发动机怠速不稳故障	1）发动机怠速不稳的故障现象	（1）方法：项目教学法、实训法 （2）重点与难点：发动机怠速不稳故障的诊断分析及排除	4
					2）发动机怠速不稳故障诊断方法		
					3）发动机怠速不稳故障诊断排除 ①故障现象确认 ②故障原因分析 ③故障诊断流程确认 ④故障诊断排除作业		

续表

2.1.4 高级职业技能培训要求				2.2.4 高级职业技能培训课程规范			
职业功能模块（模块）	培训内容（课程）	技能目标	培训细目	学习单元	课程内容	培训建议	课堂学时
1. 检修发动机	1-3 诊断排除发动机控制系统故障	1-3-3 能诊断排除发动机加速不良故障	（1）确认发动机加速不良故障现象 （2）分析发动机加速不良的故障原因 （3）诊断排除发动机加速不良故障	（3）诊断排除发动机加速不良故障	1）发动机加速不良的故障现象	（1）方法：项目教学法、实训法 （2）重点与难点：发动机加速不良故障的诊断分析及排除	4
					2）发动机加速不良故障诊断方法		
					3）发动机加速不良故障诊断排除 ①故障现象确认 ②故障原因分析 ③故障诊断流程确认 ④故障诊断排除作业		
		1-3-4 能诊断排除发动机易熄火故障	（1）确认发动机易熄火故障现象 （2）分析发动机易熄火的故障原因 （3）诊断排除发动机易熄火故障	（4）诊断排除发动机易熄火故障	1）发动机易熄火的故障现象	（1）方法：项目教学法、实训法 （2）重点与难点：发动机易熄火故障的诊断分析及排除	4
					2）发动机易熄火故障诊断方法		
					3）发动机易熄火故障诊断排除 ①故障现象确认 ②故障原因分析 ③故障诊断流程确认 ④故障诊断排除作业		
		1-3-5 能诊断排除发动机起动困难故障	（1）确认发动机起动困难故障现象 （2）分析发动机起动困难的故障原因 （3）诊断排除发动机起动困难故障	（5）诊断排除发动机起动困难故障	1）发动机起动困难的故障现象	（1）方法：项目教学法、实训法 （2）重点与难点：发动机起动困难故障的诊断分析及排除	6
					2）发动机起动困难故障诊断方法		
					3）发动机起动困难故障诊断排除 ①故障现象确认 ②故障原因分析 ③故障诊断流程确认 ④故障诊断排除作业		

续表

2.1.4 高级职业技能培训要求				2.2.4 高级职业技能培训课程规范			
职业功能模块（模块）	培训内容（课程）	技能目标	培训细目	学习单元	课程内容	培训建议	课堂学时
1. 检修发动机	1–4 诊断排除进、排气系统故障	1–4–1 能诊断进气系统故障	(1) 确认进气系统故障现象 (2) 分析进气系统故障的原因 (3) 诊断排除进气系统故障	(1) 诊断排除进气系统故障	1) 进气系统故障现象 2) 进气系统故障的诊断方法 3) 进气系统故障诊断排除 ①故障现象确认 ②故障原因分析 ③故障诊断流程确认 ④故障诊断排除作业	(1) 方法：项目教学法、实训法 (2) 重点与难点：进气系统故障的诊断分析及排除	4
				(2) 诊断排除发动机增压系统故障	1) 增压系统故障现象 2) 增压系统故障的诊断方法 3) 增压系统故障诊断排除 ①故障现象确认 ②故障原因分析 ③故障诊断流程确认 ④故障诊断排除作业	(1) 方法：项目教学法、实训法 (2) 重点与难点：增压系统故障的诊断分析及排除	4
		1–4–2 能使用尾气分析仪或烟度计诊断故障	(1) 确认排气系统故障现象 (2) 分析排气系统故障的原因 (3) 使用尾气分析仪或烟度计诊断故障	(3) 使用尾气分析仪、烟度计诊断故障	1) 排气系统故障现象 2) 排气系统故障的诊断方法 3) 使用尾气分析仪或烟度计诊断故障 ①故障现象确认 ②故障原因分析 ③故障诊断流程确认 ④故障诊断排除作业	(1) 方法：项目教学法、实训法 (2) 重点与难点：使用尾气分析仪或烟度计诊断故障	4

续表

2.1.4 高级职业技能培训要求				2.2.4 高级职业技能培训课程规范			
职业功能模块（模块）	培训内容（课程）	技能目标	培训细目	学习单元	课程内容	培训建议	课堂学时
1．检修发动机	1-5 诊断排除润滑和冷却系统故障	1-5-1 能诊断排除润滑系统报警故障	（1）确认润滑系统报警的故障现象 （2）分析润滑系统报警故障的原因 （3）诊断排除润滑系统报警故障	（1）诊断排除润滑系统故障	1）润滑系统报警故障 ①确认故障现象 ②分析故障原因 ③故障诊断与排除	（1）方法：项目教学法、实训法 （2）重点与难点：润滑系统故障的诊断分析及排除	4
		1-5-2 能诊断排除冷却系统故障	（1）确认冷却系统故障现象 （2）分析冷却系统故障的原因 （3）诊断排除冷却系统故障		2）机油消耗过大故障 ①确认故障现象 ②故障原因分析 ③故障诊断与排除		
		1-5-3 能诊断排除机油消耗量过大故障	（1）确认机油消耗量过大的故障现象 （2）分析机油消耗量过大故障的原因 （3）诊断排除机油消耗量过大故障	（2）诊断排除冷却系统故障	1）冷却系统故障现象 2）冷却系统故障的诊断方法 3）冷却系统故障诊断排除 ①故障现象确认 ②故障原因分析 ③故障诊断流程确认 ④故障诊断排除作业	（1）方法：项目教学法、实训法 （2）重点与难点：冷却系统故障的诊断分析及排除	4
2．检修底盘	2-1 检修底盘总成	2-1-1 能检修离合器总成	（1）离合器总成的分解 （2）离合器总成各部件的检查 （3）离合器总成的组装与调整	（1）检修离合器总成	1）离合器的结构和工作原理 2）离合器总成的分解、检验 3）离合器总成的组装与调整	（1）方法：项目教学法、实训法 （2）重点与难点：离合器总成的分解、检查、组装与调整	4
		2-1-2 能检修手动变速器总成	（1）手动变速器总成的分解 （2）手动变速器各部件的清洁与检查 （3）手动变速器的装配与调整	（2）检修手动变速器总成	1）手动变速器的结构与工作原理 2）手动变速器的分解 3）手动变速器各部件的清洁、检查及技术状况判定 4）手动变速器的装配与调整	（1）方法：项目教学法、实训法 （2）重点与难点：手动变速器总成的分解、清洗、检查、组装与调整	6

续表

<table>
<tr><th colspan="4">2.1.4　高级职业技能培训要求</th><th colspan="4">2.2.4　高级职业技能培训课程规范</th></tr>
<tr><th>职业功能模块（模块）</th><th>培训内容（课程）</th><th>技能目标</th><th>培训细目</th><th>学习单元</th><th>课程内容</th><th>培训建议</th><th>课堂学时</th></tr>
<tr><td rowspan="12">2. 检修底盘</td><td rowspan="12">2-1　检修底盘总成</td><td rowspan="4">2-1-3　能检修万向传动装置</td><td rowspan="4">（1）万向传动装置的分解
（2）万向传动装置各部件的清洗、检查
（3）万向传动装置总成的装配与调整</td><td rowspan="4">（3）检修万向传动装置</td><td>1）万向传动装置的组成及工作原理</td><td rowspan="4">（1）方法：讲授法、项目教学法、实训法
（2）重点与难点：万向传动装置的分解、清洗、检查、装配与调整</td><td rowspan="4">4</td></tr>
<tr><td>2）万向传动装置的分解</td></tr>
<tr><td>3）万向传动装置各部件清洗及检查</td></tr>
<tr><td>4）万向传动装置的装配与调整</td></tr>
<tr><td rowspan="4">2-1-4　能检修主减速器和差速器总成</td><td rowspan="4">（1）主减速器和差速器的分解
（2）主减速器和差速器各部件的清洗、检查
（3）主减速器和差速器各部件的装配与调整</td><td rowspan="4">（4）检修主减速器和差速器总成</td><td>1）主减速器和差速器总成的结构与工作原理</td><td rowspan="4">（1）方法：讲授法、项目教学法、实训法
（2）重点与难点：主减速器和差速器总成的分解、清洗、检查、装配与调整</td><td rowspan="4">6</td></tr>
<tr><td>2）主减速器和差速器总成分解</td></tr>
<tr><td>3）主减速器和差速器各部件的清洗及检查</td></tr>
<tr><td>4）主减速器和差速器总成的装配与调整</td></tr>
<tr><td rowspan="4">2-1-5　能检修转向器总成</td><td rowspan="4">（1）转向器总成的分解
（2）转向器总成各部件的检查
（3）转向器总成的组装与调整</td><td rowspan="4">（5）检修转向器总成</td><td>1）机械、液压及电动三类转向器的工作原理</td><td rowspan="4">（1）方法：讲授法、项目教学法、实训法
（2）重点与难点：机械、液压及电动转向器总成的分解、清洗、检查、装配与调整</td><td rowspan="4">8</td></tr>
<tr><td>2）机械转向器总成的检查、拆装与调整</td></tr>
<tr><td>3）液压助力转向器总成的检查、拆装与调整</td></tr>
<tr><td>4）电动助力转向器总成的检查、拆装与调整</td></tr>
</table>

续表

2.1.4　高级职业技能培训要求				2.2.4　高级职业技能培训课程规范			
职业功能模块（模块）	培训内容（课程）	技能目标	培训细目	学习单元	课程内容	培训建议	课堂学时
		2-2-1　能诊断排除离合器故障	（1）确认离合器故障现象 （2）分析离合器故障原因 （3）诊断排除离合器故障	（1）诊断排除离合器故障	1）离合器的常见故障现象 2）离合器故障诊断方法 3）离合器故障诊断排除 ①离合器故障现象确认 ②离合器故障原因分析 ③离合器故障诊断流程确认 ④离合器故障诊断排除作业	（1）方法：项目教学法、实训法 （2）重点与难点：离合器故障的诊断分析及排除	4
2．检修底盘	2-2　诊断排除传动系统故障	2-2-2　能诊断排除手动变速器故障	（1）确认手动变速器故障现象 （2）分析手动变速器故障原因 （3）诊断排除手动变速器故障	（2）诊断排除手动变速器故障	1）手动变速器的常见故障现象 2）手动变速器故障诊断方法 3）手动变速器故障诊断排除 ①手动变速器故障现象确认 ②手动变速器故障原因分析 ③手动变速器故障诊断流程确认 ④手动变速器故障诊断排除作业	（1）方法：项目教学法、实训法 （2）重点与难点：手动变速器故障的诊断分析及排除	6
		2-2-3　能检查自动变速器性能	（1）自动变速器基本检查 （2）自动变速器性能检查	（3）检查自动变速器性能	1）自动变速器性能检查项目 2）自动变速器性能检查 ①自动变速器油压试验 ②自动变速器手动换挡试验 ③自动变速失速试验 ④自动变速器时滞试验 ⑤自动变速器道路试验	（1）方法：项目教学法、实训法 （2）重点与难点：自动变速器性能检查的方法和步骤	8

续表

<table>
<tr><th colspan="4">2.1.4 高级职业技能培训要求</th><th colspan="4">2.2.4 高级职业技能培训课程规范</th></tr>
<tr><th>职业功能模块（模块）</th><th>培训内容（课程）</th><th>技能目标</th><th>培训细目</th><th>学习单元</th><th>课程内容</th><th>培训建议</th><th>课堂学时</th></tr>
<tr><td rowspan="6">2．检修底盘</td><td rowspan="4">2-2 诊断排除传动系统故障</td><td rowspan="2">2-2-4 能诊断排除万向传动装置故障</td><td rowspan="2">（1）万向传动装置故障现象确认
（2）万向传动装置故障诊断作业</td><td rowspan="2">（4）诊断排除万向传动装置故障</td><td>1）万向传动装置的常见故障现象</td><td rowspan="2">（1）方法：项目教学法、实训法
（2）重点与难点：万向传动装置故障的原因分析、诊断检查结果分析及故障排除</td><td rowspan="2">6</td></tr>
<tr><td>2）万向传动装置故障诊断排除
①万向传动装置故障现象确认
②万向传动装置故障原因分析
③万向传动装置故障诊断方案编制
④万向传动装置故障诊断排除作业</td></tr>
<tr><td rowspan="2">2-2-5 能诊断排除驱动桥故障</td><td rowspan="2">（1）驱动桥故障现象确认
（2）驱动桥故障诊断作业</td><td rowspan="2">（5）诊断排除驱动桥故障</td><td>1）驱动桥的常见故障现象</td><td rowspan="2">（1）方法：项目教学法、实训法
（2）重点与难点：驱动桥故障的原因分析、诊断检查结果分析及故障排除</td><td rowspan="2">8</td></tr>
<tr><td>2）驱动桥故障诊断排除
①驱动桥故障现象确认
②驱动桥故障原因分析
③驱动桥故障诊断方案编制
④驱动桥故障诊断排除作业</td></tr>
<tr><td rowspan="2">2-3 诊断排除行驶系统故障</td><td rowspan="2">2-3-1 能诊断排除行驶异响故障</td><td rowspan="2">（1）行驶异响故障现象确认
（2）行驶异响故障排除</td><td rowspan="2">（1）诊断排除行驶异响故障</td><td>1）行驶异响故障的诊断方法</td><td rowspan="2">（1）方法：项目教学法、实训法
（2）重点与难点：行驶异响故障的原因分析、诊断检查及排除</td><td rowspan="2">4</td></tr>
<tr><td>2）行驶异响故障诊断排除
①行驶异响故障现象确认
②行驶异响故障原因分析
③行驶异响故障诊断流程确认
④行驶异响故障诊断排除作业</td></tr>
</table>

续表

<table>
<tr><td colspan="4">2.1.4 高级职业技能培训要求</td><td colspan="4">2.2.4 高级职业技能培训课程规范</td></tr>
<tr><td>职业功能模块（模块）</td><td>培训内容（课程）</td><td>技能目标</td><td>培训细目</td><td>学习单元</td><td>课程内容</td><td>培训建议</td><td>课堂学时</td></tr>
<tr><td rowspan="14">2．检修底盘</td><td rowspan="9">2-3 诊断排除行驶系统故障</td><td rowspan="2">2-3-2 能诊断排除行驶跑偏故障</td><td rowspan="2">（1）行驶跑偏故障现象确认
（2）行驶跑偏故障排除</td><td rowspan="2">（2）诊断排除行驶跑偏故障</td><td>1）行驶跑偏故障诊断方法</td><td rowspan="2">（1）方法：项目教学法、实训法
（2）重点与难点：行驶跑偏故障的原因分析、诊断检查及排除</td><td rowspan="2">4</td></tr>
<tr><td>2）行驶跑偏故障诊断排除
①行驶跑偏故障现象确认
②行驶跑偏故障原因分析
③行驶跑偏故障诊断流程确认
④行驶跑偏故障诊断排除作业</td></tr>
<tr><td rowspan="3">2-3-3 能诊断排除悬架故障</td><td rowspan="3">（1）悬架故障现象确认
（2）悬架故障排除</td><td rowspan="3">（3）诊断排除悬架故障</td><td>1）悬架的常见故障现象</td><td rowspan="3">（1）方法：项目教学法、实训法
（2）重点与难点：悬架故障的原因分析、诊断检查及排除</td><td rowspan="3">8</td></tr>
<tr><td>2）悬架故障诊断方法</td></tr>
<tr><td>3）悬架故障诊断排除
①悬架故障现象确认
②悬架故障原因分析
③悬架故障诊断流程确认
④悬架故障诊断排除作业</td></tr>
<tr><td rowspan="3">2-4 诊断排除转向系统故障</td><td rowspan="3">2-4-1 能诊断排除机械转向系统故障</td><td rowspan="3">（1）机械转向系统故障现象确认
（2）机械转向系统故障原因分析
（3）机械转向系统故障排除</td><td rowspan="3">（1）诊断排除机械转向系统故障</td><td>1）机械转向系统常见故障现象与诊断方法</td><td rowspan="3">（1）方法：项目教学法、实训法
（2）重点与难点：机械转向系统故障的原因分析、诊断检查及排除</td><td rowspan="3">6</td></tr>
<tr><td>2）机械转向系统工作原理</td></tr>
<tr><td>3）机械转向系统故障诊断排除
①机械转向系统故障现象确认
②机械转向系统故障原因分析
③机械转向系统故障诊断流程确认
④机械转向系统故障诊断排除作业</td></tr>
</table>

续表

2.1.4 高级职业技能培训要求				2.2.4 高级职业技能培训课程规范			
职业功能模块（模块）	培训内容（课程）	技能目标	培训细目	学习单元	课程内容	培训建议	课堂学时
2．检修底盘	2-4 诊断排除转向系统故障	2-4-2 能诊断排除液压助力转向系统故障	（1）液压助力转向系统故障现象确认 （2）液压助力转向系统故障原因分析 （3）液压助力转向系统故障排除	（2）诊断排除液压助力转向系统故障	1）液压助力转向系统常见故障现象与诊断方法	（1）方法：项目教学法、实训法 （2）重点与难点：液压助力转向系统故障的原因分析、诊断检查及排除	6
					2）液压助力转向系统工作原理		
					3）液压助力转向系统故障诊断排除 ①液压助力转向系统故障现象确认 ②液压助力转向系统故障原因分析 ③液压助力转向系统故障诊断流程确认 ④液压助力转向系统故障诊断排除作业		
		2-4-3 能诊断排除电动助力转向系统故障	（1）电动助力转向系统故障现象确认 （2）电动助力转向系统故障原因分析 （3）电动助力转向系统故障排除	（3）诊断排除电动助力转向系统故障	1）电动助力转向系统常见故障现象与诊断方法	（1）方法：项目教学法、实训法 （2）重点与难点：电动助力转向系统故障的原因分析、诊断检查及排除	6
					2）电动助力转向系统工作原理		
					3）电动助力转向系统故障诊断排除 ①电动助力转向系统故障现象确认 ②电动助力转向系统故障原因分析 ③电动助力转向系统故障诊断流程确认 ④电动助力转向系统故障诊断排除作业		

续表

2.1.4　高级职业技能培训要求				2.2.4　高级职业技能培训课程规范			
职业功能模块（模块）	培训内容（课程）	技能目标	培训细目	学习单元	课程内容	培训建议	课堂学时
2．检修底盘	2–5　诊断排除制动系统故障	2–5–1　能诊断排除制动跑偏故障	（1）制动跑偏故障现象确认 （2）行驶跑偏故障原因分析 （3）行驶跑偏故障排除	（1）诊断排除制动跑偏故障	1）制动跑偏故障诊断方法 2）制动跑偏故障诊断排除 ①制动跑偏故障现象确认 ②制动跑偏故障原因分析 ③制动跑偏故障诊断流程确认 ④制动跑偏故障诊断排除作业	（1）方法：项目教学法、实训法 （2）重点与难点：制动跑偏故障的原因分析、诊断检查及排除	4
		2–5–2　能诊断排除常规制动系统故障	（1）常规制动系统故障现象确认 （2）常规制动系统故障原因分析 （3）常规制动系统故障排除	（2）诊断排除常规制动系统故障	1）常规制动系统故障现象与诊断方法 2）常规制动系统工作原理 3）常规制动系统故障诊断排除 ①常规制动系统故障现象确认 ②常规制动系统故障原因分析 ③常规制动系统故障诊断流程确认 ④常规制动系统故障诊断排除作业	（1）方法：项目教学法、实训法 （2）重点与难点：常规制动系统故障的原因分析、诊断检查及排除	8
		2–5–3　能诊断排除制动防抱死系统（ABS）故障	（1）制动防抱死系统故障现象确认 （2）制动防抱死系统故障原因分析 （3）制动防抱死系统故障排除	（3）诊断排除制动防抱死系统故障	1）制动防抱死系统功用、类型、结构组成及工作原理 2）制动防抱死系统常见故障现象与诊断方法 3）制动防抱死系统故障诊断排除 ①制动防抱死系统故障现象确认 ②制动防抱死系统故障原因分析 ③制动防抱死系统故障诊断流程确认 ④制动防抱死系统故障诊断作业	（1）方法：项目教学法、实训法 （2）重点与难点：制动防抱死系统故障的原因分析、诊断检查及排除	8

续表

2.1.4 高级职业技能培训要求				2.2.4 高级职业技能培训课程规范			
职业功能模块（模块）	培训内容（课程）	技能目标	培训细目	学习单元	课程内容	培训建议	课堂学时
3．检修汽车电器	3-1 诊断排除电源及起动系统故障	3-1-1 能检修发电机故障	（1）分析发电机故障原因 （2）检修发电机故障	（1）检修发电机故障	1）发电机故障原因分析及诊断方法 2）发电机故障的诊断	（1）方法：讲授法、演示法、实训法 （2）重点与难点：发电机总成的拆装	4
		3-1-2 能诊断排除电源系统故障	（1）分析电源系统故障 （2）诊断排除电源系统故障	（2）诊断排除电源系统故障	1）电源系统故障诊断方法 2）电源系统故障诊断排除 ①故障现象确认 ②故障原因分析 ③故障诊断流程的确认 ④故障诊断排除作业	（1）方法：讲授法、演示法、实训法 （2）重点与难点：电源系统故障诊断排除	6
		3-1-3 能检修起动机故障	（1）分析起动机故障原因 （2）诊断排除起动机故障	（3）检修起动机故障	1）起动机故障原因分析及诊断方法 2）起动机故障的诊断	（1）方法：讲授法、演示法、实训法 （2）重点与难点：起动机总成的拆装	6
		3-1-4 能诊断排除起动系统故障	（1）分析起动系统故障原因 （2）诊断排除起动系统故障	（4）诊断排除起动系统故障	1）起动系统故障诊断方法 2）起动系统故障诊断排除 ①故障现象确认 ②故障原因分析 ③故障诊断流程的确认 ④故障诊断排除作业	（1）方法：讲授法、演示法、实训法 （2）重点与难点：起动系统故障诊断排除	6
	3-2 诊断排除照明、信号及仪表故障	3-2-1 能诊断排除照明系统电路故障	（1）分析照明系统电路故障原因 （2）诊断排除照明系统电路故障	（1）诊断排除照明系统电路故障	1）照明系统故障诊断方法 2）照明系统电路故障诊断排除 ①故障现象确认 ②故障原因分析 ③故障诊断流程的确认 ④故障诊断排除作业	（1）方法：讲授法、演示法、实训法 （2）重点与难点：照明系统电路的故障诊断排除	6

续表

<table>
<tr><th colspan="4">2.1.4 高级职业技能培训要求</th><th colspan="4">2.2.4 高级职业技能培训课程规范</th></tr>
<tr><th>职业功能模块（模块）</th><th>培训内容（课程）</th><th>技能目标</th><th>培训细目</th><th>学习单元</th><th>课程内容</th><th>培训建议</th><th>课堂学时</th></tr>
<tr><td rowspan="7">3. 检修汽车电器</td><td rowspan="4">3-2 诊断排除照明、信号及仪表故障</td><td rowspan="2">3-2-2 能诊断排除信号系统电路故障</td><td rowspan="2">（1）分析信号系统电路故障原因
（2）诊断排除信号系统电路故障</td><td rowspan="2">（2）诊断排除信号系统电路故障</td><td>1）信号系统故障诊断方法</td><td rowspan="2">（1）方法：讲授法、演示法、实训法
（2）重点与难点：信号系统电路的故障诊断排除</td><td rowspan="2">4</td></tr>
<tr><td>2）信号系统电路故障诊断排除
①故障现象确认
②故障原因分析
③故障诊断流程的确认
④故障诊断排除作业</td></tr>
<tr><td rowspan="2">3-2-3 能诊断排除仪表系统电路故障</td><td rowspan="2">（1）分析仪表系统电路故障原因
（2）诊断排除仪表系统电路故障</td><td rowspan="2">（3）诊断排除仪表系统电路故障</td><td>1）仪表系统故障诊断方法</td><td rowspan="2">（1）方法：讲授法、演示法、实训法
（2）重点与难点：仪表系统电路的故障诊断排除</td><td rowspan="2">4</td></tr>
<tr><td>2）仪表系统电路故障诊断排除
①故障现象确认
②故障原因分析
③故障诊断流程的确认
④故障诊断排除作业</td></tr>
<tr><td rowspan="3">3-3 诊断排除辅助电器系统故障</td><td rowspan="3">3-3-1 能诊断排除音响娱乐系统常见故障</td><td rowspan="3">（1）识读音响娱乐系统电路
（2）分析音响娱乐系统故障原因
（3）诊断排除音响娱乐系统常见故障</td><td rowspan="3">（1）诊断排除音响娱乐系统常见故障</td><td>1）音响娱乐系统故障诊断方法</td><td rowspan="3">（1）方法：讲授法、演示法、实训法
（2）重点与难点：音响娱乐系统常见故障诊断排除</td><td rowspan="3">6</td></tr>
<tr><td>2）音响娱乐系统电路识读与分析</td></tr>
<tr><td>3）音响娱乐系统常见故障诊断排除
①故障现象确认
②故障原因分析
③故障诊断流程的确认
④故障诊断排除作业</td></tr>
</table>

续表

<table>
<tr><th colspan="4">2.1.4　高级职业技能培训要求</th><th colspan="4">2.2.4　高级职业技能培训课程规范</th></tr>
<tr><th>职业功能模块（模块）</th><th>培训内容（课程）</th><th>技能目标</th><th>培训细目</th><th>学习单元</th><th>课程内容</th><th>培训建议</th><th>课堂学时</th></tr>
<tr><td rowspan="13">3．检修汽车电器</td><td rowspan="13">3-3　诊断排除辅助电器系统故障</td><td rowspan="3">3-3-2　能诊断排除电动座椅系统故障</td><td rowspan="3">（1）识读电动座椅系统电路
（2）分析电动座椅系统故障原因
（3）诊断排除电动座椅系统故障</td><td rowspan="3">（2）诊断排除电动座椅系统故障</td><td>1）电动座椅系统故障诊断方法</td><td rowspan="3">（1）方法：讲授法、演示法、实训法
（2）重点与难点：电动座椅系统故障诊断排除</td><td rowspan="3">6</td></tr>
<tr><td>2）电动座椅系统电路识读与分析</td></tr>
<tr><td>3）电动座椅系统故障诊断排除
①故障现象确认
②故障原因分析
③故障诊断流程的确认
④故障诊断排除作业</td></tr>
<tr><td rowspan="5">3-3-3　能诊断排除巡航系统故障</td><td rowspan="5">（1）更换巡航系统元件
（2）识读巡航系统电路
（3）分析巡航系统故障原因
（4）诊断排除巡航系统故障</td><td rowspan="5">（3）诊断排除巡航系统故障</td><td>1）巡航系统的组成及原理</td><td rowspan="5">（1）方法：讲授法、演示法、实训法
（2）重点与难点：巡航系统故障诊断排除</td><td rowspan="5">6</td></tr>
<tr><td>2）巡航系统电路识读与分析</td></tr>
<tr><td>3）巡航系统故障诊断方法</td></tr>
<tr><td>4）巡航系统元件检查及更换</td></tr>
<tr><td>5）巡航系统故障诊断排除
①故障现象确认
②故障原因分析
③故障诊断流程的确认
④故障诊断排除作业</td></tr>
<tr><td rowspan="3">3-3-4　能诊断排除电动后视镜系统故障</td><td rowspan="3">（1）识读电动后视镜系统电路
（2）分析电动后视镜系统故障原因
（3）诊断排除电动后视镜系统故障</td><td rowspan="3">（4）诊断排除电动后视镜系统故障</td><td>1）电动后视镜系统故障诊断方法</td><td rowspan="3">（1）方法：讲授法、演示法、实训法
（2）重点与难点：电动后视镜系统故障诊断排除</td><td rowspan="3">4</td></tr>
<tr><td>2）电动后视镜系统电路识读与分析</td></tr>
<tr><td>3）电动后视镜系统故障诊断排除
①故障现象确认
②故障原因分析
③故障诊断流程的确认
④故障诊断作业</td></tr>
</table>

续表

2.1.4 高级职业技能培训要求				2.2.4 高级职业技能培训课程规范			
职业功能模块（模块）	培训内容（课程）	技能目标	培训细目	学习单元	课程内容	培训建议	课堂学时
3．检修汽车电器	3–3 诊断排除辅助电器系统故障	3–3–5 能诊断排除中控门锁系统故障	（1）识读中控门锁系统电路 （2）分析中控门锁系统故障原因 （3）诊断排除中控门锁系统故障	（5）诊断排除中控门锁系统故障	1）中控门锁系统故障诊断方法	（1）方法：讲授法、演示法、实训法 （2）重点与难点：中控门锁系统故障诊断排除	6
					2）中控门锁系统电路识读与分析		
					3）中控门锁系统故障诊断排除 ①故障现象确认 ②故障原因分析 ③故障诊断流程的确认 ④故障诊断排除作业		
		3–3–6 能诊断排除雨刷系统故障	（1）识读雨刷系统电路 （2）分析雨刷系统故障原因 （3）诊断排除雨刷系统故障	（6）诊断排除雨刷系统故障	1）雨刷系统故障诊断方法	（1）方法：讲授法、演示法、实训法 （2）重点与难点：雨刷系统故障诊断排除	6
					2）雨刷系统电路识读与分析		
					3）雨刷系统故障诊断排除 ①故障现象确认 ②故障原因分析 ③故障诊断流程的确认 ④故障诊断排除作业		
		3–3–7 能诊断排除电动车窗系统故障	（1）识读电动车窗系统电路 （2）分析电动车窗系统故障原因 （3）诊断排除电动车窗系统故障	（7）诊断排除电动车窗系统故障	1）电动车窗系统故障诊断方法	（1）方法：讲授法、演示法、实训法 （2）重点与难点：电动车窗系统故障诊断排除	6
					2）电动车窗系统电路识读与分析		
					3）电动车窗系统故障诊断排除 ①故障现象确认 ②故障原因分析 ③故障诊断流程的确认 ④故障诊断排除作业		

续表

2.1.4 高级职业技能培训要求				2.2.4 高级职业技能培训课程规范			
职业功能模块（模块）	培训内容（课程）	技能目标	培训细目	学习单元	课程内容	培训建议	课堂学时
3．检修汽车电器	3-3 诊断排除辅助电器系统故障	3-3-8 能诊断排除防盗系统故障	(1) 更换防盗系统各元件 (2) 识读防盗系统电路 (3) 分析防盗系统故障原因 (4) 诊断排除防盗系统故障	(8) 诊断排除防盗系统故障	1) 防盗系统的组成及原理 2) 防盗系统电路识读与分析 3) 防盗系统故障诊断方法 4) 防盗系统各元件的检查更换 5) 防盗系统故障诊断排除 ①故障现象确认 ②故障原因分析 ③故障诊断流程的确认 ④故障诊断排除作业	(1) 方法：讲授法、演示法、实训法 (2) 重点与难点：防盗系统故障诊断排除	8
		3-3-9 能诊断排除安全气囊系统故障	(1) 更换安全气囊系统的元件 (2) 识读安全气囊系统电路 (3) 分析安全气囊系统故障原因 (4) 诊断排除安全气囊系统故障	(9) 诊断排除安全气囊系统故障	1) 安全气囊系统的组成及原理 2) 安全气囊系统电路识读与分析 3) 安全气囊系统各部件的功用、原理 4) 安全气囊系统各部件的检查更换 5) 安全气囊系统故障诊断方法及注意事项 6) 安全气囊系统故障诊断排除 ①故障现象确认 ②故障原因分析 ③故障诊断流程的确认 ④故障诊断排除作业	(1) 方法：讲授法、演示法、实训法 (2) 重点与难点：安全气囊系统故障诊断排除	8

续表

2.1.4 高级职业技能培训要求				2.2.4 高级职业技能培训课程规范			
职业功能模块（模块）	培训内容（课程）	技能目标	培训细目	学习单元	课程内容	培训建议	课堂学时
3．检修汽车电器	3-4 诊断排除空调系统故障	3-4-1 能诊断排除空调制冷循环系统故障	（1）分析空调制冷循环系统故障原因 （2）诊断排除空调制冷循环系统故障	（1）诊断排除空调制冷循环系统故障	1）空调制冷循环系统故障检测方法	（1）方法：讲授法、演示法、实训法 （2）重点与难点：空调制冷循环系统故障诊断排除	8
					2）空调制冷循环系统故障诊断排除 ①故障现象确认 ②故障原因分析 ③故障诊断流程的确认 ④故障诊断排除作业		
		3-4-2 能诊断排除手动空调系统电路故障	（1）更换手动空调电气元器件 （2）识读手动空调控制电路 （3）分析手动空调系统电路故障原因 （4）诊断排除手动空调系统电路故障	（2）诊断排除手动空调系统电路故障	1）手动空调控制系统的组成及原理	（1）方法：讲授法、演示法、实训法 （2）重点与难点：手动空调系统电路故障诊断排除	10
					2）手动空调电气元器件的功用、组成、原理		
					3）手动空调控制电路识读与分析		
					4）手动空调电气元器件检查更换		
					5）手动空调系统电路故障诊断方法		
					6）手动空调系统电路故障诊断排除 ①故障现象确认 ②故障原因分析 ③故障诊断流程的确认 ④故障诊断排除作业		

续表

2.1.4 高级职业技能培训要求				2.2.4 高级职业技能培训课程规范			
职业功能模块（模块）	培训内容（课程）	技能目标	培训细目	学习单元	课程内容	培训建议	课堂学时
3．检修汽车电器	3-4 诊断排除空调系统故障	3-4-3 能诊断排除自动空调系统电路故障	（1）更换自动空调电控系统元器件 （2）识读自动空调控制电路 （3）分析自动空调系统电路故障原因 （4）诊断排除自动空调系统电路故障	（3）诊断排除自动空调系统电路故障	1）自动空调控制系统的组成及原理	（1）方法：讲授法、演示法、实训法 （2）重点与难点：自动空调系统电路故障诊断排除	10
					2）自动空调系统元件的功用、组成、原理		
					3）自动空调控制电路识读与分析		
					4）自动空调系统电路故障诊断方法		
					5）自动空调系统元件的检查更换		
					6）自动空调系统电路故障诊断排除 ①故障现象确认 ②故障原因分析 ③故障诊断流程的确认 ④故障诊断排除作业		
		3-4-4 能诊断排除空调取暖和通风系统故障	（1）分析空调取暖故障原因 （2）诊断排除空调取暖故障 （3）分析通风系统故障原因 （4）诊断排除通风系统故障	（4）诊断排除空调取暖和通风系统故障	1）空调取暖和通风系统故障诊断方法	（1）方法：讲授法、演示法、实训法 （2）重点与难点：空调取暖和通风系统故障诊断排除	6
					2）空调取暖和通风系统各元件的功用、原理		
					3）鼓风机控制电路的识读及分析		
					4）空调取暖和通风系统故障诊断排除 ①故障现象确认 ②故障原因分析 ③故障诊断流程的确认 ④故障诊断排除作业		

续表

2.1.4 高级职业技能培训要求				2.2.4 高级职业技能培训课程规范			
职业功能模块（模块）	培训内容（课程）	技能目标	培训细目	学习单元	课程内容	培训建议	课堂学时
3. 检修汽车电器	3–5 检修电动汽车高压系统故障	3–5–1 能诊断高压绝缘阻抗故障	（1）电机、DC/DC、AC/DC 转换器故障检修 （2）空调暖风加热器及压缩机阻抗故障检修 （3）高压控制盒阻抗故障检修 （4）电机控制器阻抗故障检修 （5）高压线束阻抗故障检修	（1）诊断高压绝缘阻抗故障	1）电动机、DC/DC、AC/DC 转换器故障检修 2）空调暖风加热器及压缩机阻抗故障检修 3）高压控制盒阻抗故障检修 4）电动机控制器阻抗故障检修 5）高压线束阻抗故障检修	（1）方法：讲授法、演示法、实训法 （2）重点与难点：高压阻抗的检查	12
课堂学时合计							330

附录 5 技师职业技能培训要求与课程规范对照表

2.1.5 技师职业技能培训要求				2.2.5 技师职业技能培训课程规范			
职业功能模块（模块）	培训内容（课程）	技能目标	培训细目	学习单元	课程内容	培训建议	课堂学时
1. 汽车综合故障诊断	1–1 发动机综合故障诊断	1–1–1 能诊断排除发动机燃料消耗过高故障	（1）分析发动机燃料消耗过高的原因 （2）制定发动机燃料消耗过高故障诊断流程 （3）排除发动机燃料消耗过高故障	（1）发动机燃料消耗过高综合故障分析、诊断与排除	1）发动机综合分析仪的使用和相关数据的分析 2）发动机燃料消耗过高的机理分析 3）发动机燃料消耗过高的相关部件测试数据综合分析 4）发动机数据流分析 5）发动机燃料消耗过高综合故障诊断	（1）方法：项目教学法、实训法 （2）重点与难点：发动机燃料消耗过高故障分析、诊断与排除	6
		1–1–2 能诊断排除车载诊断系统故障	（1）分析车载诊断系统故障产生的原因 （2）制定车载诊断系统故障诊断流程 （3）排除车载诊断系统故障	（2）车载诊断系统故障分析、诊断与排除	1）车载诊断系统的工作原理 2）车载诊断系统报警的处理方法与程序 3）车载诊断系统故障排除	（1）方法：项目教学法、实训法 （2）重点与难点：OBD–Ⅱ车载诊断系统故障排除	4

续表

2.1.5 技师职业技能培训要求				2.2.5 技师职业技能培训课程规范			
职业功能模块（模块）	培训内容（课程）	技能目标	培训细目	学习单元	课程内容	培训建议	课堂学时
1．汽车综合故障诊断	1-1 发动机综合故障诊断	1-1-3 能诊断排除发动机功率不足故障	（1）分析发动机功率不足的故障原因 （2）制定发动机功率不足故障诊断流程 （3）排除发动机功率不足故障	（3）发动机功率不足故障分析、诊断与排除	1）发动机燃油系统综合故障分析 ①供油正时故障分析 ②燃油压力数据分析 ③燃油品质分析 2）发动机点火系统综合故障分析 ①火花塞适配性分析 ②点火强度分析 3）发动机尾气排放系统数据分析 ①尾气分析仪的使用 ②尾气排放数据分析 4）发动机机械性能综合检查 ①压缩压力故障分析 ②发动机功率测试数据分析 ③发动机综合分析仪的使用 5）发动机功率不足综合故障诊断	（1）方法：项目教学法、实训法 （2）重点与难点：发动机功率不足综合故障诊断与排除	6
	1-2 底盘综合故障诊断	1-2-1 能分析排除自动变速器综合故障	（1）自动变速器五大性能试验 （2）自动变速器性能试验数据分析 （3）排除自动变速器综合故障	（1）自动变速器综合故障分析、诊断与排除	1）自动变速器机械和液压系统工作原理 2）行星齿轮变速机构工作原理 3）自动变速器控制策略 4）自动变速器的五大典型试验测试数据综合分析 5）自动变速器系统数据流综合分析 6）自动变速器综合故障诊断	（1）方法：项目教学法、实训法 （2）重点与难点：自动变速器综合故障分析、诊断与排除	6

续表

<table>
<tr><th colspan="4">2.1.5 技师职业技能培训要求</th><th colspan="4">2.2.5 技师职业技能培训课程规范</th></tr>
<tr><th>职业功能模块（模块）</th><th>培训内容（课程）</th><th>技能目标</th><th>培训细目</th><th>学习单元</th><th>课程内容</th><th>培训建议</th><th>课堂学时</th></tr>
<tr><td rowspan="13">1．汽车综合故障诊断</td><td rowspan="9">1–2 底盘综合故障诊断</td><td rowspan="4">1–2–2 能诊断排除传动和行驶系统综合故障</td><td rowspan="4">（1）分析传动和行驶系统的综合故障原因
（2）制定传动和行驶系统综合故障诊断流程
（3）排除传动和行驶系统的综合故障</td><td rowspan="4">（2）传动和行驶系统综合故障分析、诊断与排除</td><td>1）电控悬架的诊断数据分析</td><td rowspan="4">（1）方法：项目教学法、实训法
（2）重点与难点：传动和行驶系统综合故障诊断与排除</td><td rowspan="4">6</td></tr>
<tr><td>2）四轮定位实验测试数据综合分析</td></tr>
<tr><td>3）轮胎动平衡实验测试数据综合分析</td></tr>
<tr><td>4）传动和行驶系统综合故障诊断与排除</td></tr>
<tr><td rowspan="5">1–2–3 能诊断排除转向和制动系统综合故障</td><td rowspan="5">（1）分析转向和制动系统的综合故障原因
（2）制定转向和制动系统综合故障诊断流程
（3）排除转向和制动系统综合故障</td><td rowspan="5">（3）转向和制动系统综合故障分析、诊断与排除</td><td>1）转向系统综合故障分析</td><td rowspan="5">（1）方法：项目教学法、实训法
（2）重点与难点：转向与制动系统综合故障诊断与排除</td><td rowspan="5">6</td></tr>
<tr><td>2）电动转向初始化设置</td></tr>
<tr><td>3）制动防抱死系统（ABS）数据分析</td></tr>
<tr><td>4）制动防抱死系统（ABS）电路分析</td></tr>
<tr><td>5）转向和制动系统综合故障诊断与排除</td></tr>
<tr><td rowspan="4">1–3 电气系统综合故障诊断</td><td rowspan="4">1–3–1 能分析排除音响娱乐和车载影像系统综合故障</td><td rowspan="4">（1）分析音响娱乐和车载影像系统综合故障原因
（2）制定音响娱乐和车载影像系统综合故障排除流程
（3）排除音响娱乐和车载影像系统综合故障</td><td rowspan="4">（1）音响娱乐和车载影像系统综合故障分析、诊断与排除</td><td>1）音响娱乐和车载影像系统的新技术综合故障的产生机理分析（包括导航、远程信息处理技术、紧急呼叫、USB、蓝牙、SD 卡、HDMI、3D 成像技术等）</td><td rowspan="4">（1）方法：项目教学法、实训法
（2）重点与难点：音响娱乐和车载影像系统新技术的综合故障分析、诊断与排除</td><td rowspan="4">6</td></tr>
<tr><td>2）音响娱乐和车载影像系统与电源管理 IC、保护器件、信号调理 IC、显示驱动 IC、信号处理 IC 的工作关系原理</td></tr>
<tr><td>3）音响娱乐和车载影像系统的电路分析</td></tr>
<tr><td>4）音响娱乐和车载影像系统综合故障分析方法</td></tr>
</table>

续表

<table>
<tr><th colspan="4">2.1.5　技师职业技能培训要求</th><th colspan="4">2.2.5　技师职业技能培训课程规范</th></tr>
<tr><th>职业功能模块（模块）</th><th>培训内容（课程）</th><th>技能目标</th><th>培训细目</th><th>学习单元</th><th>课程内容</th><th>培训建议</th><th>课堂学时</th></tr>
<tr><td rowspan="15">1. 汽车综合故障诊断</td><td rowspan="12">1-3　电气系统综合故障诊断</td><td rowspan="4">1-3-2　能分析排除空调系统综合故障</td><td rowspan="4">（1）分析空调系统综合故障原因
（2）制定空调系统综合故障排除流程
（3）排除空调系统综合故障</td><td rowspan="4">（2）空调系统综合故障诊断与排除</td><td>1）空调系统的故障信息读取</td><td rowspan="4">（1）方法：项目教学法、实训法
（2）重点与难点：空调系统综合故障诊断与排除</td><td rowspan="4">6</td></tr>
<tr><td>2）空调系统的数据分析</td></tr>
<tr><td>3）空调系统电路分析</td></tr>
<tr><td>4）空调系统综合故障排除方法</td></tr>
<tr><td rowspan="4">1-3-3　能分析排除车载网络控制系统综合故障</td><td rowspan="4">（1）分析车载网络控制系统综合故障原因
（2）制定车载网络控制系统综合故障排除流程
（3）排除车载网络控制系统综合故障</td><td rowspan="4">（3）车载网络控制系统综合故障诊断与排除</td><td>1）车载网络控制系统结构组成</td><td rowspan="4">（1）方法：项目教学法、实训法
（2）重点与难点：数据传输系统间部件的关联关系及系统的电路分析</td><td rowspan="4">6</td></tr>
<tr><td>2）CAN 数据传输系统的组成与工作原理（舒适性控制 CAN、动力 CAN 数据总线、车载网络控制系统、网关）</td></tr>
<tr><td>3）车载网络控制系统的电路分析</td></tr>
<tr><td>4）车载网络控制系统综合故障排除</td></tr>
<tr><td rowspan="4">1-3-4　能分析排除车辆电源管理系统综合故障</td><td rowspan="4">（1）分析车辆电源管理系统综合故障原因
（2）制定车辆电源管理系统综合故障诊断流程
（3）排除车辆电源管理系统综合故障</td><td rowspan="4">（4）车辆电源管理系统综合故障诊断与排除</td><td>1）电源管理系统的功能</td><td rowspan="4">（1）方法：项目教学法、实训法
（2）重点与难点：电源管理系统综合故障分析</td><td rowspan="4">6</td></tr>
<tr><td>2）电源管理系统的电路分析</td></tr>
<tr><td>3）电源传感器及其工作原理</td></tr>
<tr><td>4）电源管理系统综合故障分析及排除</td></tr>
<tr><td rowspan="3">1-4　电动汽车故障诊断</td><td rowspan="3">1-4-1　能诊断车载充电系统无法充电故障</td><td rowspan="3">（1）分析车载充电系统无法充电故障原因
（2）编制车载充电系统无法充电故障诊断流程
（3）排除车载充电系统无法充电故障</td><td rowspan="3">（1）车载充电系统无法充电故障诊断</td><td>1）车载充电系统无法充电故障原因分析</td><td rowspan="3">（1）方法：案例教学法
（2）重点：车载充电系统无法充电故障原因分析
（3）难点：车载充电系统无法充电故障排除</td><td rowspan="3">6</td></tr>
<tr><td>2）车载充电系统无法充电故障诊断工艺编制</td></tr>
<tr><td>3）车载充电系统无法充电故障排除</td></tr>
</table>

续表

2.1.5　技师职业技能培训要求				2.2.5　技师职业技能培训课程规范			
职业功能模块（模块）	培训内容（课程）	技能目标	培训细目	学习单元	课程内容	培训建议	课堂学时
1. 汽车综合故障诊断	1-4　电动汽车故障诊断	1-4-2　能诊断空调加热系统无暖风故障	（1）分析空调加热系统无暖风故障原因 （2）编制空调加热系统无暖风故障诊断流程 （3）排除空调加热系统无暖风故障	（2）空调加热系统无暖风故障诊断	1）空调加热系统无暖风故障原因分析 2）空调加热系统无暖风故障诊断工艺编制 3）空调加热系统无暖风故障排除	（1）方法：案例教学法 （2）重点：空调加热系统无暖风故障原因分析 （3）难点：空调加热系统无暖风故障排除	6
2. 汽车大修竣工检验	2-1　路试检验	2-1-1　能进行动力性能的路试检验	（1）采集动力性能的路试检验数据 （2）分析动力性能的路试检验数据	（1）发动机动力性能的路试	1）动力性能的路试设备准备 2）动力性能的路试检验	（1）方法：讲授法、观摩法 （2）重点与难点：动力性能的路试检验技术规范	4
		2-1-2　能进行经济性能的路试检验	（1）采集经济性能的路试检验数据 （2）分析经济性能的路试检验数据	（2）发动机经济性能的路试	1）经济性能的路试设备准备 2）经济性能的路试检验	（1）方法：讲授法、观摩法 （2）重点与难点：经济性能路试技术规范	4
		2-1-3　能进行转向性能的路试检验	（1）采集转向性能的路试检验数据 （2）分析转向性能的路试检验数据	（3）车辆转向性能的路试	1）转向性能的路试设备准备 2）转向性能的路试检验	（1）方法：讲授法、观摩法 （2）重点与难点：转向性能的路试技术规范	4
		2-1-4　能进行制动性能的路试检验	（1）采集制动性能的路试检验数据 （2）分析制动性能的路试检验数据	（4）车辆制动性能的路试	1）制动性能的路试设备准备 2）制动性能的路试检验	（1）方法：讲授法、观摩法 （2）重点与难点：制动性能的路试技术规范	4
		2-1-5　能进行滑行性能的路试检验	（1）采集滑行性能的路试检验数据 （2）分析滑行性能的路试检验数据	（5）车辆滑行性能的路试	1）滑行性能的路试设备准备 2）滑行性能的路试检验	（1）方法：讲授法、观摩法 （2）重点与难点：滑行性能的路试技术规范	4

续表

2.1.5 技师职业技能培训要求				2.2.5 技师职业技能培训课程规范			
职业功能模块（模块）	培训内容（课程）	技能目标	培训细目	学习单元	课程内容	培训建议	课堂学时
2. 汽车大修竣工检验	2-2 台架检验	2-2-1 能检测发动机综合性能	（1）采集发动机综合性能参数数据 （2）分析比对发动机综合性能参数数据	（1）发动机综合性能检测	1）发动机综合分析仪的使用 2）发动机综合性能检测	（1）方法：讲授法、观摩法 （2）重点与难点：发动机综合分析仪的数据比对	4
		2-2-2 能检测发动机无负荷功率	（1）采集发动机的无负荷实验数据 （2）分析发动机的无负荷实验数据	（2）发动机无负荷功率检测	1）底盘测功机的使用 2）发动机无负荷功率检测	（1）方法：讲授法、观摩法 （2）重点与难点：发动机无负荷实验的技术规范	4
		2-2-3 能检测喇叭声级和车辆噪声	（1）采集车辆喇叭声级和车辆噪声数据 （2）分析车辆喇叭声级和车辆噪声数据	（3）车辆喇叭声级和车辆噪声检测	1）车辆声级计的使用 2）车辆喇叭声级和车辆噪声检测	（1）方法：讲授法、观摩法 （2）重点与难点：车辆喇叭声级和车辆噪声检测技术规范	4
		2-2-4 能检测前照灯性能	（1）采集前照灯性能检测数据 （2）分析前照灯性能检测数据	（4）车辆前照灯性能检测	1）前照灯性能检测仪的使用 2）前照灯性能检测	（1）方法：讲授法、观摩法 （2）重点与难点：前照灯性能检测的技术规范	4
		2-2-5 能检测车辆制动性能	（1）采集车辆制动性能检测数据 （2）分析车辆制动性能检测数据	（5）车辆制动性能检测	1）车辆制动性能检测平台的使用 2）车辆制动性能检测	（1）方法：讲授法、观摩法 （2）重点与难点：车辆制动性能检测的技术数据采集	4
		2-2-6 能检测车辆排放性能	（1）采集车辆尾气排放数据 （2）分析车辆尾气排放数据	（6）车辆排放性能检测	1）废气分析仪、烟度计的使用 2）尾气排放检测	（1）方法：讲授法、观摩法 （2）重点与难点：尾气排放技术的标定	4

续表

2.1.5 技师职业技能培训要求				2.2.5 技师职业技能培训课程规范			
职业功能模块（模块）	培训内容（课程）	技能目标	培训细目	学习单元	课程内容	培训建议	课堂学时
3．技术管理与指导培训	3-1 技术管理	3-1-1 能制定维修方案并组织实施	（1）制定系统综合故障的维修方案 （2）组织技术人员实施维修方案	（1）汽车维修方案的制定及实施	1）特定车型技术收集和整理分析 2）典型故障综合诊断排除	（1）方法：讲授法、讨论法 （2）重点与难点：汽车维修方案的制定	6
		3-1-2 能撰写汽车故障分析报告和技术论文	（1）运用各类汽车维修手册和搜索引擎查阅资料 （2）组织技术人员撰写汽车故障分析报告和技术论文	（2）汽车故障分析报告和技术论文的撰写	1）汽车维修质量管理体系的建立 2）汽车维修技术论文格式的学习	（1）方法：讲授法、讨论法 （2）重点与难点：建立汽车维修质量管理体系	6
		3-1-3 能对车辆维修质量进行技术评定	（1）制定企业车辆维修质量管理程序 （2）实施车辆维修质量技术评定	（3）车辆维修质量的技术评定	1）汽车维修程序及工艺的优化 2）制定汽车维修企业技术开发、技术改造、技术革新方案	（1）方法：讲授法、讨论法 （2）重点与难点：车辆维修质量技术的评定	6
		3-1-4 能掌握汽车新技术、新工艺、新设备、新材料等相关知识并承担“技改”任务	（1）组织汽车新技术知识培训 （2）组建技术创新改革小组	（4）汽车新技术、新工艺、新设备、新材料等相关知识的培训	1）汽车维修新技术培训 2）汽车技术改革研讨会的组织	（1）方法：讲授法、讨论法 （2）重点与难点：汽车技术改革研讨会的组织	6
	3-2 指导培训	3-2-1 能指导低级别人员进行维修作业、排除复杂故障	（1）开展汽车维修综合故障案例分析培训 （2）组织技术人员编写维修经验总结	（1）低级别人员维修作业的技术辅导	1）维修设备的准备及人员的组织 2）培训课件的制作 3）根据企业实际情况编制人员培训计划	（1）方法：讲授法、讨论法 （2）重点与难点：编写维修经验	6
		3-2-2 能对低级别人员进行技能培训	（1）编写汽车维修培训教案 （2）收集典型维修案例 （3）开展定期技术讲座	（2）技术人员技能培训	1）维修视频录制 2）培训教案编写 3）根据企业实际情况编制人员培训和考核计划 4）各类人员技术培训和考核组织实施	（1）方法：讲授法、讨论法、案例教学法 （2）重点与难点：人员技术培训和考核组织实施	6
课堂学时合计							150

附录 6　高级技师职业技能培训要求与课程规范对照表

<table>
<tr><th colspan="4">2.1.6　高级技师职业技能培训要求</th><th colspan="4">2.2.6　高级技师职业技能培训课程规范</th></tr>
<tr><th>职业功能模块（模块）</th><th>培训内容（课程）</th><th>技能目标</th><th>培训细目</th><th>学习单元</th><th>课程内容</th><th>培训建议</th><th>课堂学时</th></tr>
<tr><td rowspan="13">1. 汽车复合故障诊断</td><td rowspan="6">1-1　发动机机电复合故障诊断</td><td rowspan="3">1-1-1　能诊断分析发动机机电复合故障</td><td rowspan="3">（1）相关系统波形与数据流分析技术培训
（2）汽车数据总线[主要指驱动CAN（高速CAN）]知识培训
（3）汽车排放控制系统检测技术培训
（4）汽车发动机电子控制策略培训</td><td rowspan="3">（1）诊断分析发动机机电复合故障</td><td>1）发动机管理系统数据分析（典型综合案例举例分析）</td><td rowspan="3">（1）方法：讲授法、讨论法、实训（练习）法、演示法、案例教学法、项目教学法、实物示教法
（2）重点：发动机管理系统控制机理、故障诊断思路
（3）难点：发动机检测数据及波形综合分析</td><td rowspan="3">20</td></tr>
<tr><td>2）发动机执行器、传感器工作波形分析（典型综合案例举例分析）</td></tr>
<tr><td>3）串行数据（驱动CAN）在各控制单元交叉影响的故障诊断（典型综合案例举例分析）</td></tr>
<tr><td rowspan="3">1-1-2　能编制发动机机电复合故障诊断流程和维修工艺并组织实施</td><td rowspan="3">（1）撰写发动机机电复合故障诊断分析报告
（2）发动机机电复合故障处理的程序和方法指导</td><td rowspan="3">（2）编制发动机机电复合故障诊断流程和维修工艺并组织实施</td><td>1）发动机机电复合故障诊断规范流程与思路</td><td rowspan="3">（1）方法：讲授法、讨论法、案例教学法
（2）重点：分析报告的撰写方法与思路
（3）难点：指导他人进行故障诊断</td><td rowspan="3">4</td></tr>
<tr><td>2）撰写发动机机电复合故障诊断分析报告</td></tr>
<tr><td>3）指导他人进行发动机机电复合故障诊断维修</td></tr>
<tr><td rowspan="7">1-2　底盘机电复合故障诊断</td><td rowspan="7">1-2-1　能诊断排除底盘机电复合故障</td><td rowspan="7">（1）底盘相关系统波形与数据流分析技术培训
（2）底盘异响综合故障诊断与排除
（3）底盘振动综合故障诊断与排除
（4）汽车底盘各电控系统控制策略培训</td><td rowspan="7">（1）诊断分析底盘机电复合故障</td><td>1）汽车底盘机电复合故障产生的原因与诊断</td><td rowspan="7">（1）方法：讲授法、讨论法、实训（练习）法、案例教学法、实物示教法
（2）重点：汽车底盘电控系统控制机理、底盘疑难故障诊断思路
（3）难点：底盘振动和噪声的原因分析</td><td rowspan="7">16</td></tr>
<tr><td>2）汽车底盘故障症状的表现类型</td></tr>
<tr><td>3）汽车底盘各电控系统数据流综合分析</td></tr>
<tr><td>4）汽车底盘各电控系统传感器、执行器工作波形分析</td></tr>
<tr><td>5）逻辑化地确定汽车底盘行驶过程中出现振动的原因</td></tr>
<tr><td>6）逻辑化地确定汽车底盘行驶过程中出现噪声的原因</td></tr>
<tr><td>7）汽车底盘各电控系统输入与输出控制策略</td></tr>
</table>

续表

<table>
<tr><th colspan="4">2.1.6 高级技师职业技能培训要求</th><th colspan="4">2.2.6 高级技师职业技能培训课程规范</th></tr>
<tr><th>职业功能模块（模块）</th><th>培训内容（课程）</th><th>技能目标</th><th>培训细目</th><th>学习单元</th><th>课程内容</th><th>培训建议</th><th>课堂学时</th></tr>
<tr><td rowspan="11">1. 汽车复合故障诊断</td><td rowspan="3">1-2 底盘机电复合故障诊断</td><td rowspan="3">1-2-2 能编制底盘机电复合故障诊断流程和维修工艺并组织实施</td><td rowspan="3">（1）撰写底盘机电复合故障诊断分析报告
（2）底盘机电复合故障处理的程序和方法指导</td><td rowspan="3">（2）编制底盘机电复合故障诊断流程和维修工艺并组织实施</td><td>1）汽车底盘机电复合故障诊断规范流程与思路</td><td rowspan="3">（1）方法：讲授法、讨论法、案例教学法
（2）重点：分析报告撰写方法与思路
（3）难点：指导技师及以下级别人员进行故障诊断</td><td rowspan="3">4</td></tr>
<tr><td>2）撰写汽车底盘机电复合故障诊断分析报告</td></tr>
<tr><td>3）指导技师及以下级别人员进行汽车底盘机电复合故障诊断维修</td></tr>
<tr><td rowspan="8">1-3 汽车电气复合故障诊断</td><td rowspan="8">1-3-1 能诊断排除车身电气系统复合故障</td><td rowspan="8">（1）车身电气相关系统波形与数据流分析技术培训
（2）汽车数据总线（主要是指车身CAN、LIN、MOST等）故障检测、诊断和维修
（3）电源管理系统故障诊断与排除
（4）汽车车身各电控系统控制策略培训</td><td rowspan="8">（1）电气系统复合故障的诊断与排除</td><td>1）车身电气故障产生的原因与诊断方法</td><td rowspan="8">（1）方法：讲授法、讨论法、实训（练习）法、案例教学法、实物示教法
（2）重点：车身电气电控系统控制机理、车身电气疑难故障诊断思路
（3）难点：数据传输总线、汽车电源控制管理系统结构和工作原理</td><td rowspan="8">20</td></tr>
<tr><td>2）车身电气故障症状的表现类型</td></tr>
<tr><td>3）各车身电气电控系统数据流综合分析</td></tr>
<tr><td>4）各车身电气电控系统传感器、执行器工作波形分析</td></tr>
<tr><td>5）汽车数据总线结构与工作原理</td></tr>
<tr><td>6）检测、诊断与维修汽车数据总线传输系统，包括车身CAN、LIN、MOST等</td></tr>
<tr><td>7）检测、诊断和维修汽车电源管理系统</td></tr>
<tr><td>8）各车身电气电控系统输入与输出控制策略</td></tr>
</table>

续表

2.1.6 高级技师职业技能培训要求				2.2.6 高级技师职业技能培训课程规范			
职业功能模块（模块）	培训内容（课程）	技能目标	培训细目	学习单元	课程内容	培训建议	课堂学时
1. 汽车复合故障诊断	1-3 汽车电气复合故障诊断	1-3-2 能编制电气系统复合故障诊断流程和维修工艺要求并组织实施	（1）撰写车身电气系统故障诊断分析报告 （2）车身电气系统疑难故障处理的程序和方法指导	（2）编制车身电气复合故障诊断流程和维修工艺并组织实施	1）车身电气复合故障诊断规范流程与思路	（1）方法：讲授法、讨论法、案例教学法 （2）重点：分析报告撰写方法与思路 （3）难点：指导技师及以下级别人员进行故障诊断	4
					2）撰写车身电气复合故障诊断分析报告		
					3）指导技师及以下级别人员进行车身电气复合故障诊断维修		
	1-4 电动汽车驱动系统急加速动力中断故障诊断	1-4-1 能诊断驱动系统急加速动力中断故障	（1）驱动系统急加速动力中断故障原因分析 （2）驱动系统急加速动力中断故障诊断流程的编制与实施	（1）诊断驱动系统急加速动力中断故障	1）驱动系统急加速动力中断故障原因分析	（1）方法：讲授法、讨论法、案例教学法 （2）重点：驱动系统急加速动力中断故障原因分析 （3）难点：指导技师及以下级别人员进行故障诊断	12
					2）驱动系统急加速动力中断故障诊断流程编制与实施		
2. 技术管理与革新	2-1 技术管理	2-1-1 能制定企业内部汽车维修质量管理标准、考核标准并组织实施	（1）技术质量管理 （2）质量检验 （3）质量分析 （4）维修质量纠纷处理	（1）制定企业内部汽车维修质量管理标准、考核标准并组织实施	1）策划质量管理体系，建立机动车维修企业质量保证体系	（1）方法：讲授法、案例教学法 （2）重点与难点：建立汽车维修质量保证体系	2
					2）汽车维修企业质量手册、程序文件和作业指导书的制定		
					3）汽车维修进厂检验、过程检验、竣工出厂检验的内容、方法和要求		
					4）根据维修车辆一次合格率、返修率、质量事故、质量投诉等对汽车维修质量进行分析，根据分析结果提出改进措施		
					5）处理维修质量纠纷的程序、方法及相关法律法规		

续表

2.1.6 高级技师职业技能培训要求				2.2.6 高级技师职业技能培训课程规范			
职业功能模块（模块）	培训内容（课程）	技能目标	培训细目	学习单元	课程内容	培训建议	课堂学时
2．技术管理与革新	2-2 技术革新	2-2-1 能推广汽车维修新技术、新材料、新工艺，通过试验改进维修作业流程	（1）汽车修理中新设备、新技术、新材料、新工艺的应用 （2）优化维修作业流程	（1）推广汽车维修新技术、新材料、新工艺，通过试验改进维修作业流程	1）搜集和整理技术资料 2）总结与分析汽车维修工艺 3）汽车维修作业流程的优化	（1）方法：讲授法、讨论法、观摩法 （2）重点与难点：汽车维修流程优化	2
		2-2-2 能进行技术革新、技术改造，并编写工艺规程	（1）汽车修理设备设计改造知识 （2）汽车维修工艺设计知识（工艺设计内容、生产纲领、工艺计算）	（2）技术革新、技术改造，并编写工艺规程	1）汽车维修设备设计（改造）的程序和步骤 2）制定汽车维修企业技术开发、技术改造、技术革新方案 3）汽车维修新工艺规程编写、总结	（1）方法：讲授法、讨论法、观摩法 （2）重点与难点：汽车维修新工艺规程编写	2
3．技术指导与培训	3-1 技术指导	3-1-1 能指导技师排除偶发、疑难故障	（1）指导技师制定偶发、疑难故障处理的程序 （2）指导组织实施各类人员技术培训和考核	（1）指导技师排除偶发、疑难故障	1）偶发、疑难故障处理程序 2）疑难故障处理方法与规范 3）技术培训方法、技巧	（1）方法：讲授法、讨论法、案例教学法 （2）重点与难点：技术培训方法、技巧	2
	3-2 系统培训	3-2-1 能制订系统培训计划，细分课程并组织实施	（1）能对技师及以下级别人员进行操作培训 （2）指导编写培训讲义	（1）制订系统培训计划，细分课程，并组织实施	1）汽车维修人员资格条件	（1）方法：讲授法、案例教学法、观摩法 （2）重点与难点：人员培训和考核计划的制订	2
课堂学时合计							90